謝宜珍——著

遇見豐盛的自己

從金錢、關係、健康、心靈四大面向，
活出你本該擁有的富足

各界推薦

我想向你坦誠，致富的能量來自內心，任何人無法代勞。如果你不敢給，不敢要，不相信自己能獲得取之不盡、用之不竭的財富，你就無法吸引金錢，變得富有——這個祕密，只有親自體驗過的人，才能領悟。

推動內在，轉化內在，需要能量。能量需要被推動、被轉化、被鼓舞、被提升；這個過程，比任何人所能想像到的都要費力。這也是為什麼，白手起家、獲得財富的人，少之又少的原因。

《遇見豐盛的自己》是一本堆疊能量，提升、鼓舞我們，轉化內在的「致富之書」。作者的意圖，是寂寞的事，是戰士的事，是勇者的事，我很敬佩。

——李雅雯（十方）／暢銷理財作家

曾經有次我和朋友聊著，人生怎麼充滿了痛苦？他回了句令我印象深刻的話：「會不會地球其實就是天堂，只是我們都活錯了方法？」也許生命本是豐盛而輕鬆的，只是我們用錯了方式，使得一切變得困難，而不是宇宙對我們不公。

宜珍老師的文字，就是通往內在天堂的指引，點破許多人的心靈盲點，再以愛的觀點照亮前方的路，讓我們遇見那個完整且喜悅的自己。

——曾彥菁Amazing／文字工作者

「成功人士都在做自己喜歡的事。」這句話讓我非常有感覺。在還沒開始收納工作之前，我常抱怨工作上的一切，直到創業做收納，才發現真正投入志業，不但能澈底發揮天賦，幫助他人的同時也滿足自己的成就感，更能吸引金錢到來。我這才澈底明白豐盛法則的運作，生活如何不費力氣。如果你也想讓生活更豐盛，一定要看這本書，能解決你所有人生問題，讓豐盛來到生命中圍繞著你。

——廖心筠／收納教主

人生這趟旅程，就像在探索一大張充滿迷霧的地圖。前行，需要勇氣，而多數時候，我們只能走一步「探」一步，才能多看清楚一點前方的景色。儘管，茫然有時，但若能找到嚮導，借用他的經驗，我們還是能讓自己跨出的每一步更加踏實。在你迷惘之際，不妨翻翻本書，人生嚮導宜珍老師已為大家備好了一份值得參考的人生旅行指南。

——蘇益賢／臨床心理師

推薦序／
記起自己是誰

馬偕醫學院兼任副教授
林慧君 博士

多年來，我渴望自己成為一個有自信的人，我充實自己的專業，接受超乎能夠承擔的挑戰，我離開職場「做自己」，我要自己活得快樂，並記得要把快樂帶給周遭的人。

但是，當我靜下來的時候，我覺得累。

我總是努力扮演各種角色，以符合別人的期待，希望得到別人的好感，渴望被肯定。我把敏感、同理心用來察覺別人的感受和需要，無法拒絕別人的請求，往往犧牲自己的時間去照顧別人，即使有些負面情緒，也不好意思表達。尤其，在與母親相處上，吃盡苦頭。

我感謝賜與我生命的母親，盡可能分擔她的喜怒哀樂。但我永遠覺得自己做得不夠好，因為在我竭盡所能之際，根本不清楚她到底要什麼？我背負著她的痛苦，戰戰兢兢走在人生路上，我急著想和母親「和解」，以為彼此可以「說開來」，自己就不會那麼痛苦了。

但我不知道我用錯了方法，我該要「和解」的人不是母親，而是我自己。我的自信是被「在愛裡受苦」、「不敢快樂」所障礙了，這也障礙了我和自己連結、和宇宙連結，找到真實自己的管道。

原來，我忘了自己是誰。一股莫名的力量，把我帶到宜珍老師的課堂上，五十五歲的我正要開始想起自己是誰。

宜珍老師說：「父母是我們自己選擇的。」我想像來到世界前和造物者的約定，選擇了她作為我此世的母親，一切都是靈魂的選擇，都是靈魂想要體驗的。我和母親有共同的約定、有共同的功課要完成。

然而，在我真正憶起此生的約定和功課前，我要先學會遵循內在的聲音，如果連我自己都不聽從內心，卻把重心放在別人身上，那誰來做唯一的我呢！我不需要和母親「和解」，因為，我終於明白她已前進了好長一段距離，而我還在迷宮裡，丟失了自己。

宜珍老師告訴我：「如果母親不快樂，你只是個孩子，不能越位代替母親做功課。把功課還給母親，祝福母親，你只要好好活出自己。」

老師也常說：「人生可以痛苦，但不要受苦，痛苦會過去，但受苦是自願沉浸在痛苦的經歷裡，其實，你可以選擇不要受苦。」因此我知道，在和母親相處時，不要再糾結於過去，也不要擔憂未來，現在此刻是最重要的。

我不再向外索求自信，因為，當我記起我是誰，就是愛，讓愛流動，我的內在便充滿力量。

在探索生命的道路上，宜珍老師有如一位嚮導，帶領來到這個人生課室的人們，釐清自己的迷思，看見自己的潛力與創造力，活出內在的渴望與自我價值，成為真正的自己，這一切都不是偶然，都是宇宙的安排。

心靈成長永無止息，從知道到做到，就是不斷想起自己的道路。非常高興宜珍老師將修行開悟所得，加上多年在國、內外的豐富經驗化成文字，完成的不只是一本實體書，更是你我成長旅程中的 Google Maps（電子地圖），指引我們走在對的路上，回到圓滿豐盛的自己。

推薦序／
人生最佳導航書

德國心理醫生、一般醫學科、兒科醫生
德國醫學博士 Dr. med. Hilda Hadorn **希達・哈多恩**

今日有此榮幸為作者的第一本書寫推薦序，我心中充滿喜悅也報以感謝。

作者與我相識於奧地利長達二十年之久，猶如姊妹般的情誼，深深刻劃在心中。根據我對作者的認識，她是一位對生命充滿熱忱的教育家，長年來不斷努力，致力於療癒、輔導、教育，在歐洲、亞洲不遺餘力地付出，以身心靈的整合健康，幫助過許多人，其精神令人感動。

作者將多年來的專研與實作，以長達四年的時間寫成本書，如同一顆經過細工琢磨、淬鍊而成的寶石般，更顯得珍貴。這本書是人生最佳的導航，它幫助讀者釐清盲點，走出困惑，讓思維更為清晰，為生命開啟豐盛大門，讓人們過著輕鬆順遂的生活。

推薦序／
受益良多

前交通部政務次長、常務次長
前中華郵政董事長、前民航局局長
交通大學科學管理碩士 **游芳來**

兩年前，因為一位共同朋友而認識謝老師，印象中老師徐徐不急、慢條斯理的談話及所表達的內容，讓我感到很有內涵，雙方也談到宇宙、生命、生活，最後我報名參加她開的身心靈課程。

個人平常即有看佛教經典及祖師大德留下來的語錄和靜坐的習慣，對生命的真相也持續地在探索。上謝老師的課，第一句讓我受教的話是：「生命可以輕鬆不費力，每個人都有內在的力量，你要去看見它。」這些話一下子把我吸引住，也讓我持續上課到今天。

謝老師一直教導同學探索心靈、回到每一個人擁有的內在本源，也提醒、教導我們如何去體會、找到方法。

個人因為過去有擔任公職的機會，心裡想的都是對國家、社會、人們有助益的事。為了達成任務，給自己立的座右銘是：「It should be done. 不達目標、絕不罷手。」雖然也做了些事，但在工作上也弄得自己、同事及家人很辛苦；加上從小到大受長輩、老師的鞭策，總是要求自己精益求精，好還可以更好，結果形成自己一直在尋覓、探索，或自問下一步該怎麼辦？

謝老師告訴我們，你於外在生活中所看到的、遭遇的問題，都要回到內在的心靈層面去找解決的方法；同樣的事情，每個人的詮釋都不一樣，要學會以宏觀的角度去看待。

謝老師在課堂上也指出，要我們接受負面事情的存在，當它發生時，面對它，並非躲避它，事實上，想躲也躲不掉，因為它會一再出現，問題每一個人都有，但沒有什麼問題是解決不了的。

個人有個習慣，有什麼事都避免麻煩別人；有意見，為避免衝突，也常採取隱忍的態度。但謝老師說：給予與接受要平衡，避免麻煩別人，反而失去互相流動的機會；隱忍反而讓人失去溝通的機會，在在都顯示了謝老師的智慧。

除此之外，謝老師也教導我們如何正確發願、如何心想事成！這些都讓我受益良多。每個人都有自己的理想與抱負，藉著自己的能力、經驗，將自己人生目標、夢想實踐落實，是我們來此的目的。如今謝老師要出書了，這是她的志願，我相信也會對各位有所幫助。

推薦序／

滋潤你的身心靈

醫學中心研究助理
北德州立大學圖書館科學碩士 **周昀昀**

幾年前，在人生低潮茫然之時，因緣際會我選到宜珍老師的課「生命教練：遇見豐盛的自己」。

上課的感受是輕鬆舒服的，老師輕柔的語調，學員間自在的互動，讓我願意每星期舟車往返於工作地點、教室、住家之間，第一個學期全勤完成了課程。但是，卻依然覺得少了些什麼，感覺生命仍然空洞。

宜珍老師的教學內容既生活化又實用，但「理性上知道」到「實質轉變」的銜接，究竟是少了哪幾片拼圖，以至於遠遠看得到岸邊，卻覺得自己永遠划不上去？原來，是我生命的慣性，讓我在遇到困頓時，常常以同樣的方式因應或逃避，越大的困頓，越容易因為思考當機，而反射性地以舊有的方式回應，如果舊有的方式有效，為何會不斷被困在其中？就是既有的方式無法解開生命的結，卻又找不到別的解法。

在一次周而復始的生命困境裡，我忽然靈光乍現地想到，宜珍老師上課時常常提到「人有創造力，可以為自己創造各種可能性」。於是我運用了宜珍老師上課時所講到的創造力，在那次以為永遠無解的困局中，帶自己離開風暴，進入了愛與信賴。

這是以前不曾有過的經驗，雖然「創造自己想要的結果」對我而言，並不是一個全新的概念，但第一次實踐了這個理念，彷彿那幾片缺失的拼圖被拼回，課堂上學到的知識從遙遠的理論變成生活中隨手可用的資源。

我在醫院工作，遇見每一個病人，只會反射式地思考：他身體裡的哪個功能、器官、組織出了毛病，才會導致這場疾病；看到每個意外傷害，直覺就是思考如何治療、處置這個傷害。

第一次聽到宜珍老師從靈性的角度，詮釋人的疾病或意外的傷害時，大概是習慣了西方理性的邏輯來看待疾病或意外傷害的發生與處置，真不知怎麼用這種無法計量又難以驗證的靈性來理解它們。

但在課堂中老師的說明、學員間的討論，還有自己的反思與觀察，漸漸地體會到靈性巧妙地補足了科學的限制。最精準的醫學儀器，可以檢測出最微小的病變，卻沒法回答為什麼生病的是你；最先進的醫療技術，可以處理最複雜的意外傷害，卻沒法回答為什麼你要在生命的此刻經驗這些磨難。但從靈性的角度，卻提供了另一個視野，幫助人們看待這些事件發生的原因。

生活在科技進步的社會，我們何其有幸，在享受科技帶來的便利的同時，也能經由靈性的學習，提升自己看待生命經驗的態度。

宜珍老師定居奧地利二十幾年，而今她回到台灣，將一點一滴所學運用，滋潤了一群跟著她學習的學員們，如今這本書，我相信也會滋潤你，幫助你探索和學習身、心、靈的奧妙，並且從中獲得成長。

目錄

第六章　覺醒時刻

自序／活出自己想要的樣子

當我寫完這本書，放下手中的筆，有一種感動襲上心頭，久久無法散去，原來，完成生命中一件重要的事，是如此美好。

這本書我寫了四年，回想一路走來，多少日子必須將自己關進書房；還有現實生活中，不顧維生也要寫書的堅持，最後在不放棄的毅力下，一步步走向初衷、完成願景。這本書讓我見證到人其實有無限可能的創造力，只要好好運用，每一個人都可以從無到有，創造出自己所要的。

為何我會如此不顧一切想要完成這本書呢？那是生命的推動，源自內在的熱情與渴望。

我想起有一部電影，敘述印度天才數學家馬拉努金，獨自離開家鄉，到英國劍橋大學做學術研究，歷經各種挫折、困難挑戰，也不放棄對數學的熱愛。指導教授問他：「是什麼原因讓你如此堅持？」

他以堅毅的眼神，定定地看著教授說：「非做不可。」

這四個字震撼了我，並且久久無法遺忘。我想，這也是我多年來走在身心靈之旅與堅持寫作的原因。我懂那四個字背後更深層的意思：那是生命的推動、靈性的渴望，那不是「你該做的事」，而是「一定要做的事」。

投入身心靈研究與實踐的這些年來，我對於生命有許多的領悟及發現，其中最大的領悟之一是，**生命的本意不是讓我們受苦，而是回歸喜悅、擁有豐盛**。

受苦來自受限的制約、錯誤的認知，當我開始了解自己、生命、宇宙，也看見了生命的禮物，以前沒有解答的問題，都有了答案。而我的內在力量也越強大，因此活出了生命的平安喜悅，輕鬆自在地度過每一天。

我相信，每一個人都希望活出豐盛的生命，我用了數十年時間、走過漫漫長路才找到它，為了讓大家更順遂地走在人生道路上，於是，將這一路的發現與體悟，寫下來與大家分享。

這是一本自助助人的書，內容都是生命成長的精華，涵蓋人生四大重要主題：財富創造、身心健康、和諧關係、心靈成長，這也是每個人一生都會面臨到的議題。

書裡有理論、案例分析、實作練習，有生活中常會碰撞到的問題，我也會告訴你卡住的地方如何解套，並點醒經常被忽略的重點。

這本書有轉危為安的生命智慧，幫助你認回真正的自己。這也是一把鑰匙，你能夠攜帶著它，運用在生活中的每一天，成為你的人生解鎖工具，值得作為一生的指引。

這本書的誕生，要特別感謝生命的橫逆經驗，如果沒有走過，也不知道什麼是真正的喜悅。當然，也要謝謝所有來到生命中的人事物，有了你們，生命才得以有豐富的體驗。

我將這本書，獻給走在生命道途中的任何一個旅者。當你寂寞時、想走出困境、想找回愛、找到自己的力量、回到平安、喜悅、豐盛的家……那麼，就讓我陪伴你，一起走過。

最後，祝福你：活出豐盛，活出自己想要的樣子！希望不久的將來，你也能將你的豐盛，傳給下一個人。

前言／我想把豐盛傳遞給你

也許你會好奇，是什麼機緣讓我踏上心靈之路？

回顧我的過往人生，的確有許多與別人不一樣的經歷。然而一路走來，不管經歷順境、逆境、安穩、變化，在生命的長河中，都能獲得眾多收穫與滋養。尤其走在靈性的旅程，透過不斷地清理、察覺、創造，讓我回到本源的安心自在。

我是一個早熟的孩子，從小很少與同齡的小孩玩在一起，而是喜歡待在大人身邊，傾聽他們的生命故事。因為喜歡音樂，八歲開始學鋼琴，有音樂陪伴的童年很美好，但是進入青少年時期，因為升學壓力，每天必須補習、熬夜，應付不同的考試，還有考不好的下場——被老師體罰，諸如種種讓我每天都覺得很不快樂。

除了唸書的苦，也看見因媒妁之言而結婚的父母，一生總在磨合彼此的差異，而且為了這個家，他們不斷地轉職、從南到北遷居，這也是一種苦。身邊的鄰居親朋好友，每一個人都有自己的煩憂、問題。這令我常思索著，人活著總該有某種意義吧！否則大家這麼苦，所為何來？

於是十六歲那年，我開始探索生命的意義？我是誰？

這兩個問題，相信也是很多人一生都在思索的問題。當時的我當然找不到答案，但我開始大量閱讀各種不同的書籍：科學、哲學、宗教、心理學、身心靈……在書中也得到許多的啟發。

不過，我人生的風暴在出國之後更是陸續出現。那時我獨自前往音樂之都維也納留學，繼續鋼琴的深造。異國他鄉，一個人的生活非常不容易，尤其我只學了九個月的德文，只能供日常生活所用，要應付學校的課程、考試，根本是困難到欲哭無淚。

不僅學科，術科也不容易。來自世界各國優秀的音樂好手，都聚集在維也納，我每天練琴六到八小時，戰戰兢兢、絲毫不敢鬆懈。但是，也因為如此，時常吵到性喜寧靜的鄰居，為了練琴，我有好幾年的時間都在搬家，為住處而傷透腦筋。

記得有一年嚴冬，我拿著一份報紙，頂著零下十度、鋪天蓋地而來的大風雪，踩著深到小腿的冰雪，冒著隨時會滑倒的危險，舉步維艱地走在街上找房子，那時別人忙著歡度聖誕節、準備過年，我卻茫然不知道下一個落腳處在哪裡？

人在孤單時，是很脆弱的：有時打開信箱，只有滿滿的廣告紙，沒有來自家鄉的信件；生病時一個人照料自己，住院時也是一個人拖著行李入住，簽下生死契約。我那時很年輕，不論是學業、人際關係、住宿、語言、融入生活、文化……都在摸索的階段。那時越洋電話費昂貴，打電話回家都簡短地道平安，而且報喜不報憂。我不想麻煩別人，當年沒有大人在旁關照或給予建議，許多事都靠自己碰撞、摸索，走的也是最辛苦的路。

這個時期的我，也常在思索，如何以個人的力量，解決生活上的難題。慢慢隨著時間的累積，我已經能適應異國生活，也越發堅強獨立，一點一滴克服了許多困境。最後，也如願地完成學業，在奧地利音樂學院取得畢業文憑，及國家鋼琴教育家頭銜後，留在當地任教，生活逐漸穩定順遂。

直到有一年，周遭發生許多變化：我在台灣情同姊妹的閨蜜，因為憂鬱症而去世。她個性純真又善良，一生都在幫助他人，但是，在重要時刻，卻沒有人來幫助她。我當時心想，如果自己懂得一點心理學可以開導她，或許就不會有此憾事發生。

無獨有偶，這件事情過後不久，身邊有幾位朋友也離婚了。而當年因為金融風暴的衝擊，我國外的幾位好友，驟然損失巨款，其中一位在一夕之間破產。那時有人沮喪、也有人質疑生命，差一點就失去活下去的勇氣。雖然，我盡力陪伴他們，但是，不知道該說什麼話、用什麼方法，來鼓勵他們重燃對生命的希望，以及跌倒再起的力量。

這些事件發生不久後，台灣這端傳來了我摯愛的父親離世的消息，那時我因為住在國外，無法即時趕回來見他老人家最後一面，成為此生最大的遺憾。而父親去世那天，剛好是我的生日，有好幾年的時間，我的生日都在悲痛及思念中度過。

從小，我就跟父親感情很好，因此無法接受父親離開，也無法放手。當年似乎沒有人能安慰我，也不知道如何安慰自己，只能將悲傷悄悄在心中掩埋。

那一年，我幾乎看盡人世間的衰老病死、分離無常。經過這些事件，也讓我開始省思生命，人在遇到困境的時候，是多麼脆弱，如何給予精神上的慰藉與幫助？在生命陷落的時候，如何走出困境，讓自己過更好的生活？

從此生命之流彷彿催促著我，踏上了一條心靈之路。這些問題，促使我開始在歐洲學習、大量攝取先進國家的知識，從身體到心靈，一步步走向身心靈整體合一的道路。

學成之後，我取得心靈學院文憑，成為國際心靈輔導教師，在歐洲成立了亞洲能量中心，與醫師、治療師一起合作，我也授課、承接個案，服務了許多國際人士，獲得寶貴經驗。成立中心的這幾年，我的事業穩定，也建立了好口碑，邁入事業最高峰、也最火紅的階段。

就這樣過了幾年，父親走後，遠在台灣的母親一直希望我回台灣照顧她、陪伴她。

在歐洲已經生活了二十五年的我，不論事業、經濟、生活各方面都很穩定，我也適應了歐洲人的思維、文化、習慣，尤其是我居住的地方，是世界數一數二、最高品質的城市，離開對我是非常困難的抉擇。

但是，母親年邁了，我不得不承認這個事實，有一次她在浴室跌倒，我也開始慎重考慮返台定居之事。幾個月後，我毅然決然地決定結束歐洲生活，返回台灣。

這個消息，震驚了我的中外朋友及客戶。有人認為我瘋了，如何能放下穩定優渥的歐洲生活，回到台灣，一切從頭開始？我知道這很不容易，但是，經過再三考量，還是將自己多年來的行李一一裝箱，結束了歐洲生活，離開時，很多人流下眼淚，我也依依不捨地離開了我的第二個故鄉。

返台定居，是我人生的另一大突破，因為深入華人社會，更了解華人問題所在，於是設計了一套為華人教學用的心靈課程。自己也將所學到的理論，應用在日常生活中實踐，經過了四年的靜心體悟，融會貫通，以前未解的生命課題，也得到了許多答案，因而擔任教職，成為心靈講師。

回顧我的人生總是一半一半，游移在兩者之間：兩個天賦——音樂和身心靈；兩種語言——中文和德文；兩個國家——台灣和奧地利；兩種文化——東方和西方……我的人生好像一分為二，有時不曉得哪裡才是歸屬。

如今，綜觀這一路的生命旅程以及過去的點點滴滴，我想能在奧地利學習、居住，也並非偶然。它既是音樂之都，也是心理學家佛洛伊德、阿德勒的故鄉，更是孕育我兩項志業的搖籃，我何其有幸，能與這個國家結緣！

當我願意接受兩半人生，這一刻便恍然大悟也豁然開朗：原來我如此地幸運，比別人擁有更多！以前認為一分為二的人生，現在我眼中看來就是一個整體的圓滿。於是，我看見生命藍圖的運作、生命歷程帶來豐富的體驗，也明白了生命的確是個禮物，內心充滿無限感激。

心靈教育改變了我的生活，讓我走向本源，活出了自己想要的樣子。我以前跟很多人一樣，有很多的擔憂、對未知沒有安全感、對金錢充滿了恐懼，害怕沒有錢活不下去，我在乎別人如何看我、要求完美、容易自責……而現在的我，做自己喜歡的事、輕鬆地吸引金錢到來、擁有愛己愛人的能力、身心平衡健康、熱愛生命、內在力量充沛，過著平安順利、喜悅豐盛的生活。

我覺得這一生最大的榮耀，不是擁有良好的學歷、事業、地位、財富，而是擁有內在的力量，即使外境有風雨，也能佇立在颱風眼的寧靜中心，不被打亂。我以心靈教育幫助了自己，也幫助了許多人，順遂地走在人生之路，而我也希望將這樣的豐盛，傳遞給你。

序幕／你的到來，不是偶然

歡迎來到這裡！

宇宙沒有意外！所有的相遇都有它的原因，當你打開這本書，翻開其中的一頁，這就不是偶然。

是什麼原因，讓你來到這裡？是否，你感到不被了解？一個人很寂寞？為感情的糾結煩擾？

害怕沒有錢無法過活，想要擁有富足？想找穩定的工作，做自己喜歡的事？為疾病所苦，想找回健康？希望夢想成真，過理想中的生活？想找到快樂？

渴望知道生命的意義，了解你是誰？

每一個人來到這裡，都有其原因，不管你的原因是什麼，都脫離不了愛情、親情、財富、職場、健康、靈性……這些跟生命有關，也是人生遲早要面對的課題。

現在的你，或許帶著好奇、渴望；或許困惑、迷失，人生有很多事情，是我們所不了解的，很多的問題找不到解答，迷失了，不知道出口在哪裡？於是，終究會有一個時刻，不得不停下來，問自己：接下來該怎麼辦？

問題，是一個開始，它引領你去尋找答案；迷失，是一個開始，它引領你走回家的路。這也就是你為什麼來到這裡的原因：你踏上了一條尋找的路，尋找什麼呢？

你自己

你就是天地間最大的謎題。

許多人都不了解自己，於是，生命透過種種境遇，引領你走向自我探索之路。認識自己，是此生最重要的事，當你越了解自己，就越能活出喜悅。「你」是生命最大的禮物，也是自己一生在等待的人，只要往內在走去，就能與豐盛的自己相遇。

現在，你來了，我也在這裡等你，因為我走過那條探索之路，所以想與你分享我的體驗與發現。與其說，這是我的邀請，還不如說，這是生命邀請你，來解釋它自己。

現在，你準備好接受這個邀請了嗎？那些關於個人的、生命的、宇宙的祕密，都將在這裡為你打開。

第一章

生命的奧祕

活出你的生命藍圖

人生最重要的兩天是：出生的那一天，和明白自己為何來到世上的那一天。

——作家 馬克・吐溫

人為什麼活著？生命的意義是什麼？

這是很多人會思索的問題，也是很好的問題。

我們來到這個世界，多少會對生命感到好奇，兩千年前希臘神廟的箴言就寫著：認識你自己。哲學家也說：沒有經過探索的人生，不成人生。沒有什麼比自我探索更重要。

多少人，曾經問過關於生命的問題，有人因為沒有解答而放棄，有人即使沒有解答，還是不放棄尋找。而我，就是沒有放棄的那一個人，在數十年後，也找到了答案。

你生命的主、副修課題

首先，我要向每一個人致上最高的敬意！因為你選擇來到這個地球，這是一個非常勇敢的決定。我們都不是偶然來到這個世界，而是主動想來的，來到這個世界的目的，是為了體驗與創造。

來到這個世界，就像是進入一所大學，我們會選擇生命的主、副修課題：例如家庭、愛情、友情、健康、事業、工作、金錢、靈性……這些課題沒有所謂的好與壞，只有你要的經歷與體驗，並藉此學習提升、完善自己。

每個人在誕生前，都有他出生前的計畫，也就是生命藍圖。在母胎的基因裡面，早就決定了你的性格、天賦、父母、手足是誰、哪裡出生、排行順序，這些都是你的選擇。

我常常聽到有些子女與父母處不來，便抱怨說：「有什麼辦法，我被父母生下來，根本無從選擇。」其實，從生命藍圖來看，一個人在哪個家庭出生、父母是誰，都是父母與自己彼此靈魂的選擇，其目的是：有共同的功課要學習及完成。

如果知道了這一點，便能夠以理解去接受現狀、減少抱怨，繼而去看在這個家庭裡，為自己帶來了什麼體驗。問自己：

- 我為什麼選擇在這個家庭生長？
- 為什麼選擇了我的父母？
- 為什麼選擇我的兄弟姊妹？
- 為什麼是這樣的排行位置？
- 我的家庭環境為什麼如此？
- 我察覺到什麼？可以在此學習到什麼？

小翔在很小的時候，父母就離婚了，他對母親沒什麼記憶，對父親也印象模糊，因為父親長年在國外工作，很少回家。小翔是由祖父母一手帶大的。小時候祖父母經商，因為生意繁忙，常常把他放在二樓的小閣樓，讓他自己玩。記憶中，他的童年就是就在小閣樓中一個人度過，為了排遣孤寂，他選擇了繪畫來陪伴自己。

長大後他也以繪畫為主修，畢業後因緣際會，開始製作動漫，也因此有機會代表國家參展，獲得極高的榮譽及獎項。

我問他：「出生在這樣的家庭，對你有什麼影響？」他說，因為原生家庭的關係，在成長的過程中，有很多機會可以獨處、專注、思考，這對他日後的事業有很大的幫助。也因為從小獨處慣了，培養出獨立的個性，讓他很快適應出國就學及工作的生活。

隔代教養也讓他具有同理心，除了以自己的故事安慰及鼓勵身處逆境中的朋友，他也關心小孩教育和老人問題。其得獎作品就是以愛護生命、地球為主題，寓教於樂，引人省思。他探訪獨居老人，也計畫日後蓋一座養生村，讓老人家有良好的晚年生活。

他說，雖然在原生家庭裡，看似缺少了親人的愛，但是，卻因為這樣子的缺失，造就現在豐盛的他。

很多人常常認定自己就是原生家庭的受害者，而不願走出來，但是，我在小翔身上看見，沒有一件事是絕對的好或壞，在不好的境遇中，其實也能看見好的、正向的一面及帶來的意義。

接下來，我們來看看天賦。每一個人的生命藍圖中，都有與生俱來的特長、才能，那就是天賦。有人天生有好聽力，於是當了音樂家；有人味覺特別靈敏，成了大廚；也有人具耐心、同理心、喜歡傾聽，於是成了療癒師。

有些人的天賦在孩童時期就已顯露：五歲彈得一手好琴，七歲會唱歌劇，九歲精通電機、十二歲已成為數學大師……有些人要在成年後才會看見自己的天賦，有些人從事的第一個工作就跟天賦有關，也有些人必須做過許多工作後，才會找到它。

雖然每一個人的速度快慢不一，但是，這都是生命藍圖最好的計畫。不管將天賦當成主業或副業，都是可以的，只要運用天賦來服務他人，將會從其中得到極大的滿足和喜悅。

如果你對現在的工作擁有熱情、感到滿足喜悅、樂在其中，那麼表示你正走在生命藍圖的道路上。如果不滿意你的現狀、常常想換工作、甚至感到痛苦、受苦，那麼這些訊息就是告訴你：要展現你的特質、活出天賦，讓生命藍圖來圓滿你的人生。

困境與考驗是解開課題的關鍵

很多人常常不明白，為什麼走在生命的旅程，我們要的是幸福，但是，有時候生活會面臨到困境與考驗？困境與考驗背後都帶來某種意義，也就是說有你要的體驗。

我有一位朋友，擔任藝術老師三十年，四年前突然對瑜伽、芳療感興趣，期間她上了許多課程也考取證照，希望轉職成為身心療癒師，我看著她慢慢地往這條路上走去。

她說以前的教書生活都過得很順遂，決定轉職後的四年中，卻遇到關於親情、愛情、疾病的問題，雖然這些問題她都一一解決了，但仍大感不解：為什麼會經歷這麼多事情？尤其身心療癒師是助人工作，她不是正在做有意義的事，為何會有這麼多考驗？此時生命藍圖的意義是什麼？

我告訴她偉大的生命藍圖計畫正透過這些事件，來輔助她的新工作。怎麼說呢？成為療癒師的基本條件之一，就是要有同理心，如果自己沒有經歷各種問題，怎麼知道如何轉化、解決問題？沒有經歷過苦楚，如何同理正在傷痛中的人？如何說服別人：雖然痛在你身，但是我也疼過，我也懂。

我知道許多從事心理師、療癒師相關工作的人，都有比一般人較特別的成長經驗，或艱困痛苦的過往。例如：從瀕死經驗中找到生命的價值；出生在暴力家庭，找到寬容的力量；在單親家庭或伴侶分離中，找回愛自己的力量。他們就是因為走過艱難的生命之路，所以也願意去幫助有相同經歷的人。

生命藍圖往往是逆向操作，這個人生劇本就是：當你想要體驗寬恕，那麼，就有黑天使做錯事，讓你得以寬恕他；當你想要體驗無條件地愛自己，你愛的人會傷害你，讓你轉身回頭去愛自己。

所以，以人的角度而言，我會談到寬恕別人，但是，以生命藍圖來看，沒有所謂的壞人或要寬恕的人。因為這些黑天使都是在自己更高的靈性指引下，自願扮演這樣的角色，來幫助我們完成課題，以及自己想要的體驗。

也許有人會問，如何解釋那些殘障、疾病、或弱勢人士的命運？這也是生命藍圖的計畫嗎？

沒有錯！對於這些人士不要憐憫，而是敬重。他們勇敢的靈魂，之所以設計出這麼嚴苛的挑戰，是希望在極度的困境中，去經驗自己、淬鍊自己。

我們會在許多人身上，看見這樣的例子，像是貝多芬在耳聾時，譜出最有名的〈第九號交響曲〉；梵谷絕大部分的名畫，都是在精神病院做治療時所畫的；澳洲心靈勵志家力克．胡哲，出生時沒有雙手雙腳，卻能夠憑著毅力，到世界各地旅行演說，最後娶到才貌雙全的妻子，過著幸福快樂的生活。

你會發現這些身體不健全的勇士，卻能透過他們的殘缺，展現了堅強的意志力，也啟發了別人，去看見生命的希望與韌性。

你才是自己人生劇本的編劇家

生命藍圖像是地圖，當你攤開它，會看到許多路線圖早已顯現在面前，但是，你仍有選擇權，可選擇走哪一條路、使用哪種交通工具、用快或慢的速度前進、想看什麼樣的風景，你可以用自己想要的方式，邁向旅程的目的地。

這跟中國人講的「命是定的，運卻可以改」有異曲同工之妙。命，其實就是生命藍圖，運，是自我意志（自己的選擇權）。你可以在既定的人生路線圖，創造出自己所要的體驗，就像鋼琴在受限的八十八個鍵盤上，也能彈出不受限的精彩旋律。

每一個人都是人生劇本的編劇家，想要過什麼樣的生活，成為什麼樣的自己，還是掌握在你的手中，如果你對劇本不滿意，隨時可以增刪、修改、或更新，發揮後天的創造力，以期達到你所要的人生。

你要的不是快樂，而是喜悅

在某個寓言故事裡，有一隻小貓咪問媽媽，快樂在哪裡？媽媽說：快樂在你的尾巴上。於是，小貓咪整天追逐著牠的尾巴，想要尋找快樂。

走在人生的旅程中，快樂成了重要的指標，許多人像這隻貓咪一樣，汲汲營營地尋找快樂，卻找不到快樂。不禁要問，快樂到底在哪裡？

在問這個問題之前，或許應該先問快樂是什麼？有人覺得有錢就可以快樂，這是真的嗎？

中國首富馬雲在接受美國電視台專訪時，語出驚人地說，成為首富壓力太大了，讓他不開心。他說，快樂是金錢買不到的，自己最快樂的時光，是十幾年前月領人民幣九十元的日子。

報紙也曾經報導，一名台灣首富坐在他的私人飛機上有感而發：「大家都認為我有很多財富，但是，有誰曉得我內心是否快樂？」言下之意是，財富不等於快樂。

有個朋友是大企業家，她說自己很寂寞，家裡養了幾隻寵物，沒有什麼知心朋友。問她為什麼不多去認識朋友呢？她說，許多人接近她，都是為了金錢，所以擇友要更慎重小心，但是，就因為這樣的考量，以至於她沒有什麼朋友。

她職位高，承擔的責任也比一般人多，工作壓力更大，往往一個決策，就會影響公司的生存，以及許多人的生計與未來。她極少有時間休息，當員工回家了，自己還必須在半夜工作，即使身體已經出現狀況也無法停下。她感嘆說：「一點都不快樂！」

另一個身價不斐的朋友，也這麼談論金錢與快樂：「外界對我期望高，讓我工作壓力很大，晚上常常因為煩惱而失眠。我們一家人以前吃得太好，都得三高，所以現在吃東西都很清淡。家裡之前也因為錢財分配不均，手足之間鬧糾紛，現在雖然情況較好，但是誰也不敢保證，什麼時候又因錢財的問題鬧起來。」

我曾經在一個工商社團演講，成員個個都是社會菁英，不乏財力雄厚的大老闆、企業家等。演講完之後，有人跑來跟我說：「謝謝您今天來這裡，我們社團裡很多人都不快樂，心靈很空虛，真的需要療癒。」

舉了這麼多的例子，想要表達的是：我們無法否定金錢的價值，財富固然重要，但是，有錢人也有他們的煩惱，金錢並不是快樂的保證。

真正的快樂要在「這裡」尋找

真正的快樂，不是只有單方面的財富，而是多方面的，例如：健康、關係、心靈成長……等等。而這樣的快樂要在哪裡找？這個問題，讓我想到了一個古老的印度故事。有一個老太太，在客廳忙著尋找東西，因為視力不好，家人想幫她，於是問：

「你在找什麼？」

「我在找一樣很重要的東西。」

「你要講清楚是什麼東西，否則怎麼幫忙找？」

老太太邊找邊說：「既然你們想知道，我就告訴你們吧！我在找一根針。」

家人環顧四周，心想家裡這麼大，如何去找一根針？於是再問老太太：「你要說清楚，是在哪裡弄丟的，我們才好幫你找啊！」

老太太說：「在臥室。」

家人很訝異，在臥室弄丟的，怎麼會在客廳裡找呢？老太太不慌不忙地說，因為臥室是暗的，客廳有燈光，所以她在有光的地方找。你一定感到荒謬，老太太根本找錯方向，最後不是白忙一場、徒勞無獲嗎？

其實我們拚命往外尋求快樂也是人生的荒謬之一，很多人找不到快樂，是因為走錯路了。真正的快樂不在外在，而是你的內在，如果將注意力放在外面，就看不見真正的自己，所有你要的寶藏，都在你自己身上。

喜悅的力量沒有東西可以阻擋

現在我們知道快樂正確的方向了，接下來，我想說的是快樂的真相：你要的，其實不是快樂，而是喜悅。快樂與喜悅有何不同呢？簡單地說：快樂是外在的、短暫的；喜悅是內在的、持續的。喜悅是一種比快樂更深刻、比幸福更具體的情感。

快樂必須依附外在的條件，比如，吃了一頓美食，感覺很快樂，但是過一兩天，很快就忘記那種滿足感了；穿上漂亮的名牌衣服，感到非常快樂，但是穿了幾次以後，新鮮感褪去，也就沒有了快樂；別人稱讚你，當下很快樂，一旦沒有人稱讚你，你就快樂不起來了。

外在的快樂，需要有外在的東西讓我們依附，一旦那個東西沒了，我們就無法快樂。這就像是一堆散沙堆積起來的城堡，來得快，消失得快，無法完全掌握。

喜悅則不同，那是靈性與精神的整合，由內向外的綻放，一種別人拿不走的力量。不管是否享用豐盛美食，都可以很滿足；不管穿著華麗高貴，還是簡約素雅，都能喜歡自己；有人稱讚很好，沒有人稱讚，你仍然可以肯定自我，對自己有信心。

喜悅是一種巨大的力量，可以讓自己活在安穩和諧中，即使逆境來臨也不會受影響。

月美跟我分享她的心得，她說最近社團有一個朋友，因為腳部受傷需要開刀，於是一群團員，相約去探望，一路上他們商量要講什麼安慰的話，不要讓他太難過等等。結果還沒走到大門，就聽到屋裡笑聲不斷，等進到屋裡，只見幾個人圍繞一起，而那一群人當中笑得最大聲的，就是那位生病的朋友。

很多人不解，便問他，為什麼生病還能笑得如此開心？那個朋友說：「我平常很忙，沒有時間休息，現在正是我可以渡假休息的時候了。在這裡，我什麼都不用做，把自己交託給醫生，交給老天，我是最幸福的人了。」

這就是喜悅的內在力量，沒有什麼東西可以阻擋它，**它可以超越逆境，不受外境所影響**。

喜悅很純粹、也很簡單。當你看見嬰兒晶瑩的雙眼、天真的笑容；走進大自然聽到悠揚的鳥鳴聲；寒冷的時節，接受陽光和煦的照拂；與一個彼此了解、相愛的人靜靜地依偎在一起……那種打從內心湧出的滿足和滿溢，就是喜悅的祕密。

這股力量是細水長流、持久不退的，你不需要到處尋找，因為這個寶藏，就在你的裡面，等著你來看見。

生命可以輕鬆不費力

如果有人問你：「你相信生命是艱難的，還是輕鬆不費力？」我想大部分的人會說，生命是艱難的。

我們很常聽到周遭的人說：生活不容易、賺錢很辛苦、人生就是苦海……特別是在前往成功的路上，常常有人勉勵我們：要拚命搏鬥、經得起折磨受苦才能夠有所收穫。

這些話乍聽之下好像很勵志，也讓許多人奉為圭臬，事實上是非常不妥的。根據吸引力法則，如果我們認為人生是來受苦的，就會吸引來更多的苦，讓自己去體驗，於是，就會不斷生活在受苦的情境中。

這就是為什麼，有些人即使拚命奮鬥，生活還是沒有比較好；有人問題不斷，常常陷入受苦的漩渦中；在吃苦、受苦中仍然得不到自己想要的。因為這些都是「受苦意識」轉化而成的實相，這也是另一種心想事成，只是，不是我們想要的。

當我越深入了解生命、宇宙法則，才恍然大悟：受苦不是生命的本意，老天要給我們的是喜悅，不是折磨，**真正的生命本質，其實是輕鬆不費力的**。

輕鬆不費力，在大自然處處可見：綠芽從土裡冒出，不需要苦苦掙扎；蝴蝶自在飛舞，不需要與空氣對抗；小鳥輕鬆展翅，不需要費力飛翔……一切都是自動發生。

很多人把生命看作是一場戰鬥，不斷地在其中受傷、受苦。但是，生命不是戰鬥，而是遊戲，每一個人都是在上帝後花園遊戲的小孩，而我們的創造力，就是在遊戲中展現。

關於這一點，看看周遭的小孩就可知道，他們在玩遊戲的時候，神情是認真專注的，而靈感、創造力就在此時湧現，整個過程也是輕鬆喜悅、不費力，我們的生活也是如此。

如何看待生命，生命就如何回應

你能想像生活可以輕鬆不費力嗎？你可以在遊戲中工作，在工作中成功；做你喜歡的事，並輕鬆地吸引金錢來到身邊；理想伴侶不用苦苦尋找，而是自然地出現；貴人在你需要的時候來幫助你，你熱愛每一天的生活，不管做什麼，都能樂在其中、喜悅充滿。

這樣的生活不是天方夜譚，當我走入內在之旅，活出了平安喜悅，才知道一切都是有可能。事情的本質往往是簡單的，只是我們把它複雜化了，這就是大道至簡的原理。只要走在對的路上，沒有什麼是不可能，我們要做的只是回歸本源。

清楚地知道生命是喜悅，不是折磨，我們可以像小孩一樣認真，但是，不要苦苦掙扎，認真是一種喜悅，苦苦掙扎卻不是。每個人都有選擇權，你可以決定走艱難的、或輕鬆不費力的路。你如何看待生命，生命就如何回應你，當你覺得費力、艱難、受苦、掙扎，那就表示，還有一條輕鬆不費力的路在等著你。

只要下定決心，就可開始走這一條路。

不要誤會輕鬆不費力是偷懶，或什麼都不做，想要過這樣的生活，也是需要經過練習的。當你看見鋼琴家在台上，不看琴鍵、閉著雙眼，面帶微笑地沉浸在美妙旋律中，或是在極快的節奏中，輕鬆地彈出如瀑布般流暢的音符，這一切都是輕鬆不費力的表現，但是，在這輕鬆的背後，是經過一次又一次練習的結果。

就像每一個大師一樣，在還沒有成名之前，都需要時間與耐心做練習，不管你想要什麼，擁有它之前，都要先了解宇宙法則之後好好遵循它，並且認識自己，如此一來後續所得到的回饋，就是輕鬆不費力。

所謂認識自己，就是先從思維開始，察覺自己腦中錯誤的、不適用的信念，並釋放對自己的批判，例如：我很差勁、不夠好、不值得、害怕錢不夠用等等。然後轉化信念：我已盡力，下次會做得更好、我夠好、我值得擁有、每一個人都可以擁有足夠的金錢……等等。

想要認識自己，也能從別人身上看到自己的投射。好比憤怒，表面上是跟那個人、那件事有關，事實上，是因為對方按到我們的情緒按鈕，碰觸到我們對自己最在意的地方。比方說，在意別人對自己的批評、看法，其實是因為對自己沒有自信，無法接受、看重自己。

接下來，我會在每一個章節，更詳細地與你分享，如何遵循宇宙法則與認識自己。

讓人生暢通無阻的豐盛法則

玩遊戲，一定要懂得遊戲規則；學開車，要先懂得交通規則；人生要輕鬆順遂，就要遵循宇宙法則。

如果你想要學開車，卻不懂交通規則，別人靠右行駛、你靠左，紅燈亮了還不停，一直往前開，這是多麼危險啊！相同的道理，走在生命的道路上，我們也要先熟悉宇宙法則，才能暢通無阻、確保安全地自在遊走。

現在我要告訴你一個很重要的宇宙法則，那就是你值得擁有的**豐盛法則**。豐盛處處可見、無所不在，它無時無刻地運轉，從不脫序、始終如一。

大自然中，我們很容易察覺到豐盛的足跡，在雲朵間、陽光裡、草地中、鳥兒身上，你可以靠近一朵花，仔細地觀察：花瓣上分佈著細緻的紋路，獨特的花香緩緩漫開來，花蕊隱藏著渾然天成的生命；或者巧遇一隻飛鳥，牠身上多彩的顏色炫目靚麗，卻不衝突，在那一瞬間，你可以看見生命的神奇與豐盛。

再繼續觀察：草木無須催促，會自動發芽；乾旱的沙漠，也能見到綠洲；不毛的曠野地，水自磐石中湧出；狹窄的石縫裡，也能開出美麗的小花；老天知道何時下雨、何時放晴；大地長出稻麥、果樹，花中還有蜜，我們的生存不僅是被保證的，老天還應許擁有豐盛的生命。

什麼是豐盛的生命？

許多人以為豐盛，就是擁有許多金錢，於是，竭盡心力拚搏一生，只為了賺取更多財富。但是，如果因此犧牲了健康、歡笑、自由、與愛人相處的時間……最後換來的也只是金錢而已。

我們當然不能否定金錢的價值，金錢是豐盛之一，但是並非全部。**真正的豐盛是：所有美好東西在生命中流動**，它涵蓋了：健康、關係、財富、成功、喜悅、愛等各個層面。更確切地說，那就是：

- 和諧的關係，包括父母、伴侶、親子、朋友關係。
- 健康的身心。

- 擁有足夠的時間，活在此時此刻。
- 做喜愛的工作，用天賦才能，來服務他人。
- 豐盛的財富，每一個人都有足夠的金錢。
- 享有喜悅的成功。
- 實踐你真正的夢想。
- 享有愛與被愛。
- 成為你想要的自己。

而美好的流動是指什麼呢？試想，一條河流如果堵塞了，水無法往前流動，就會逐漸變成死水。豐盛是我們本然的權利，很多人無法擁有它，也是因為我們阻擋豐盛進入生命中。

或許你會說：「歡迎都來不及，怎麼會阻擋呢？」

負面信念，就是阻礙豐盛到來的原因。

我認識一位才華洋溢的畫家，也是藝術學院的教授，因為畫風細膩獨特，廣受好評。他畫了許多作品可以賣出高價，卻常常因為缺錢，過著財務窘困的生活。探究其原因，不是他的畫乏人問津，而是，有錢人想要來買他的畫，都被他拒絕了。

為什麼呢？因為他嫉富如仇，不喜歡有錢人。他認為有錢人不懂藝術，只是用金錢來擺闊、提升自我價值。

有一天，我巧遇見這個畫家，聊到金錢的話題，我告訴他為何不換一個角度想想：擁有財富的人，也想要有靈性上的豐盛；靈性豐盛的人，也需要有錢人給予物質的支持，所以藝術家跟有錢人，兩者相輔相成，並沒有衝突，為何不讓物質與靈性相互流動？

這些話他聽下去了，覺得這個觀點很好，於是鬆綁了仇富的想法，後來他的畫果然大賣，解決了財務問題，藝術創造與金錢不衝突，從此過著豐盛的生活。

最近剛好有兩個學生，也分享了對豐盛信念的想法。

有一個年輕的學生，剛從尼泊爾朝聖回來，她說在尼泊爾住得非常克難，總是睡在地上，但是久而久之也適應了，不覺得有什麼不好。回到台灣睡的是柔軟舒適的好床，她覺得也很好，但是，她有點疑惑：「睡好床會不會讓我們太安逸，而影響靈性成長？」

我告訴她：「要做什麼、體驗什麼，都是自己的選擇，沒有所謂的是非對錯，重要的不在於你選擇了什麼，而是你對自己的選擇是否感到自在。」凡事都是中性的，沒有定義，睡一張好床等於安逸這件事情，也只是來自於你對事情的詮釋罷了。重點是：我們是處於兩個世界——**物質與精神，允許它們流動、平衡，才能見到豐盛**。

另一個學生則說，從小在課本上讀過司馬光的故事，也相信「由儉入奢易，由奢返儉難」。因此當她享用豐盛美食的同時，就會擔心現在吃得這麼好，如果下一餐吃得不好，沒有美食，能適應嗎？有時，也會想到以前父母賺錢多麼辛苦，現在自己卻這麼享受……這些想法和擔心常常讓她無法享受當下的豐盛。

有些人在擁有豐盛的時候，卻因為匱乏感、罪惡感，而無法好好地享有它。到底，我們該用什麼心態來對待豐盛呢？

我們都是宇宙摯愛的小孩，豐盛是老天給予的禮物。我自己在豐盛來臨時，全然地專注那個片刻，不管是享用豐盛餐宴、看見大自然的美、與愛人在一起，把它視為一個禮物，完全地接受、享有它。當你擁有它，就好好地珍惜，並持以感謝。

舉了那麼多的例子，所要表明的就是「對內的，如對外」，想要擁有外在的豐盛，必須先有內在的豐盛，所有的一切，都是根據你的想法而來——這就是豐盛的祕密。想什麼跟相信什麼，就是一種由內到外的顯化，當我們放下負面信念，豐盛自然來到。

豐盛是綽綽有餘的

但是，擁有豐盛，是否會奪取別人的資源？

我們來看看 perisson（豐盛）這個字，它的希臘語解釋是「非常高、有餘的、無法測量、大大超過人們的預期」，也就是說，我們不用擔心會奪走別人的資源，或不夠用，宇宙早已準備好豐盛，等著大家來取用。

豐盛綽綽有餘，它就像海洋一般，無窮無盡，超乎我們的想像。關鍵在於你拿什麼容器來取，你可以拿一根湯匙、一個盆子，或是打開連結的管道，讓它源源不斷地流入。豐盛也是如此，當我們願意釋放受限信念，就是打開宇宙的通道，讓豐盛流入你的生命中。

如何讓豐盛源源不絕

重要的不是我們付出多少，而是我們在付出之中放進了多少愛。

——德蕾莎修女

宇宙中沒有一樣東西是單獨存在的，所有的流動都是接受能量，再給出能量，這兩股力量就像迴圈一樣，不斷地交替與循環，讓世界生生不息。

如果接受多於給予，會覺得需要回報，而感到不平衡；如果給出多於接受，會感到耗竭虛空，到最後沒有辦法再給。接受與給予同等重要，就像呼吸一樣必須平衡，才是邁向豐盛的最好途徑。

接受不等於自私，付出也不等於幫助

許多人傾向於給予，卻不允許自己接受。小婷告訴我，她常常幫助一位弱勢朋友，那位朋友為了報答她，提出想送個禮物以示感激。小婷知道這是他的一番好意，但也顧及對方經濟不寬裕，不曉得該不該接受？

我告訴她：「應該接受！即使對方並不寬裕，但是如果長期下來，一方不願意接受，另一方也就很難再給予，這樣一來，就會堵住宇宙能量流的任何一頭，阻擋豐盛的流動。」

請不要認為接受是自私，而是把它視為能量循環的完成。心存感激地接受一切給予，舉凡他人的誠意的餽贈、微笑、讚美、一朵花或禱告，都歡喜接受。

當我們想幫助別人，希望付出的時候，也要注意對方是否有接受幫助的意願。我有位朋友是個善心人士，很喜歡幫助他人，尤其一看見別人受苦，就想以自己的經驗告訴對方，怎麼做才是對的。但是，有人不想聽從他的建議，讓他碰了個軟釘子，而感到受傷失望。

雖然幫助別人是出自好意，但是，也要得到對方的首肯，如果沒有得到允許貿然介入，就像是沒有經過別人同意，逕自闖入別人家裡一樣，是不會受到歡迎的。

當我們想要幫助別人，尊重對方的意願是很重要的，如果別人不希望你介入，就要放手。或許對方願意自己學做功課、解決自己的問題，那也是好的。去幫助那些主動來的，或願意讓你幫助的人，如果時間、空間、對象都對了，那才是真正的善舉。

豐盛的循環就是一種平衡

給出與接受的順序是先給出，才有收穫。有一位新進的員工，每天比別人早到公司，下班卻是最後一位離開，他態度認真又敬業，不僅將自己份內工作做好，有餘暇時，也樂於幫助同事。一年後，公司釋出一個主管的職缺，你想，誰會被選上？

所有成功的企業、公司都有先見之明，在貨品還沒被選購前，都是先提供服務的，不管是對品質的要求，良好的售前、售後服務，都能增加購買率，為銷售帶來商機。

當老闆準備好薪資，員工就會來上班；員工表現卓越，老闆自然就會獎勵；公司銷售量增加，產品與服務品質自然也會提升；想要換新工作，就要先將現有的工作做好；想要喜悅，必先給出喜悅；想要擁有別人的愛，先要給出自己的愛——這就是豐盛的祕密，也是邁向成功的最好途徑。

在日常生活中，工作與休息，動與靜，也要取得平衡。運動重要、放鬆也是很重要。每天維持半小時的運動，當你想放鬆時，就不要看令人緊張的影片，因為潛意識如果在緊張的狀態下，身心也無法得到足夠的休息與放鬆。

有位優異的音樂系同學，在校時非常用功，也曾經得到音樂比賽大獎，表現很出色，但是因為過度用功，練琴時間過長，休息不夠，導致雙手韌帶受傷，有好長時間無法再彈琴，這就是工作與休息不平衡。

如果你感到疲累缺乏能量，那麼，不妨花一點時間到大自然走走，時不時在大自然攝取和交換能量。宇宙就是能量加油站，你將擁有宇宙的保護，感受到至高力量的愛、寧靜、和平。

生命中所得到的結果，都不是偶然發生的，宇宙只是回應你所給出去的。**此刻的感受、想法比什麼都重要，因為，當下正在創造你的生命。**允許給予與接受在生命中流動，豐盛自然來到。

和豐盛共振的最高方法

除非你認為沒有，否則一切都是有可能的。

——印度瑜伽士、上師 帕拉宏撒・尤迦南達

真正的感謝不是口頭禪，而是發自內心的感謝。它不僅傳達出「你擁有」的訊息，也發出宇宙的高頻。當你承認擁有，就沒有了頭腦的匱乏感，如此，你才是真正地處在豐盛中。

感謝是我每天的實作，每當一早醒來，眼睛還沒張開時，我會用幾分鐘的時間，開始我的感謝。

先深深地吸一口氣，想像自己吸入新鮮的空氣、美好的能量，讓宇宙溫暖的光，從頭到腳注入全身，全身被洗滌，廢氣被清除，頃刻之間感受到身體的裡裡外外，上上下下，每一個細胞充滿美好的活力，全身舒暢。我帶著宇宙的祝福，開始新的一天、感謝生命這個禮物，為我帶來新契機，開始經歷這一天。

我用接納的心，迎接所有來到生命中的人事物，允許自己用開放的心，看看宇宙為我帶來什麼驚喜。預想今天不管做什麼事，都能順利圓滿，收入超越我的想像，我可以輕鬆地支付帳單，不管到哪裡都可以獲得平安，感謝宇宙命讓我擁有豐盛，相信自己也能夠創造同樣的豐盛。

我將這些祝福給予別人，也給予自己，將感謝給出，就是送出高頻，一天之始的美好預想，是為宇宙下訂單，而宇宙也會回應美好給我們。

透過感謝，也讓自己去看見你所擁有的。許多人常常抱怨自己缺少什麼，對自己所擁有的卻視而不見。請看看自己的四周吧，我們擁有家人、朋友、健康、房子、工作、金錢等等，其實，只要仔細看一看，就會發現自己所擁有的還真不少。

我在喜悅的那一刻，也報以感謝，無論是看見綻放的花、早晨的第一道陽光、雨後的彩虹、清涼的雨水、明月照亮天空或是朝霞捧出黎明，當你「擁有」時就要珍惜，好好享受這個片刻，全心接納一切，這個擁有，就是豐盛。

感謝也是實現願望的一把鑰匙，你什麼時候說謝謝？當你得到的時候，不是嗎？

在你許願的時候，記得也送出你的感謝，然後要說：「從今日開始，就是如此。」這句話是為了清除過去的負面信念，重整新信念，向宇宙下訂單。帶著喜悅的感受，想像所要的願望正在顯化，保持這種感受，持續你的意圖，那麼，你很快就會接收到最好的結果。

我們不僅為了所擁有的，也為還沒得到的感謝。當一件事情的發生，不是我所認同的，也都報以感謝，因為我清楚的知道，只要是盡了力，就隨順自然、順流而行，一切都有老天最好的安排。在太陽上升時、風雨來臨時、夕陽餘暉時、小鳥鳴叫時，不管處於順境逆境，都感謝它，因為你知道：一切自有恩典。

感謝的力量無所不在

在我做了豐盛感謝的練習之後，有幾件不可思議的奇蹟發生了。

第一件事是來自一位奧地利好友。好友長期照顧生病的獨居鄰居，這位鄰居為了感謝這麼多年來的照顧，於是在生前立下契約，允許我的好友在她過世後接管自己一切的財產。後來鄰居因病去世，我的好友也因為這樣繼承鄰居的遺產，其中有一些首飾用不上，便決定變賣換為現金，剛好時間又逢我的生日，於是好友就將這筆現金寄給我，做為生日禮物。

第二件事情是返台定居後，有一年很想再回歐洲走走，我跟住在國外的乾爸、乾媽表達我的想法，他們非常贊成，也表示歡迎，便立即告訴我可以訂機票，他們願意幫我付機票費。

透過這幾次經驗，我更加相信感恩的力量真的無所不在。

練習清單　說出感謝

每天早上醒來開始感謝自己、他人，也給予祝福，並且於每日結束時寫下五件令你感激的事。這五件事不需要是特別的豐功偉業，而是在日常生活中令你感到溫馨的事。例如：

- 感謝宇宙賜予我美好的一天，為我帶來平安、喜悅！
- 感謝情人的讚美、家人的微笑！
- 感謝好友今日慷慨請客，讓我享受宇宙的豐盛！
- 感謝身體二十四小時的服務做工，為我帶來健康！
- 感謝同事的幫忙，讓我工作順利完成！

思維法則——無所不在的創造力

想法是水滴，宇宙是海洋，宇宙聽命你的指示。

——佚名

如果有人過得不好，大部分都會歸咎於外在的原因：運氣不好、遇人不淑、景氣不佳……但是，很少人想要去了解，為何會如此？真正的原因在哪裡？

命運的確跟自己有關，內在的想法，能夠影響外在境遇，形成命運。如果我們對「想法」這個工具有所了解，並且懂得運用它，那麼，就真的可以翻轉命運、創造你所要。

所有的物質都是能量

首先，我們來了解物質與能量。如果說，宇宙中的萬事萬物都是物質，我想你會同意。所以你也是由物質組合而成的，我想你也會同意。

如果說人是物質也是能量體。你可能無法理解，人怎麼會是能量體？能量在哪裡，為何看不見？認為看不見，就不存在，是人類最大的幻象。

人的感官其實是很有限的，人類的聽力比不上一隻大蠟蛾（蛾能聽到高達300KHz 的聲音，人只有20KHz），視力比不上老鷹（老鷹的視力是人的八倍），嗅覺比不上大象（大象的嗅覺高出人類二點八萬倍）。

人的肉眼只能看到這個世界的百分之八，有百分之九十二是看不見的，就像我們看不見紅外線、紫外線、X光、空氣、細菌，但是，它們都是存在的。

愛因斯坦說：「物質就是能量。」科學家特斯拉也說：「萬物都是以某種頻率振動的能量所組成的，要找到宇宙的奧祕就要以能量、頻率、振動來思考。」科學家愛丁頓亦提出：「我們總是認為物質是東西，但現在它不是東西了；現在，物質比起東西而言更像是念頭。」而量子力學之父普朗克，也發表過類似的說法：「物質是由快速振動的量子組成，所有物質都是來自於原子運動和維持緊密一體的力量，我們必須認定這個力量的背後就是意識，它是一切物質的基礎。」

這幾位大師的意思已經非常明白，**意識的念頭，創造了一切的物質**。

我們再來了解一下，什麼是物質？

凡是人們眼睛能夠看到的任何東西，有生命的、無生命的都是物質，例如：星星、月亮、動物、礦物、植物、電腦、車子、電燈、人等等。經過科學家研究最後證實，物質不是空的，物質裡面充滿能量，能量裡面有原子、質子等快速穿梭流動，於是有了頻率、振動。

這也就是說，我們生活在一個極大的能量域，不管是前前後後、裡裡外外都是能量，而能量會形成網絡，相互交錯影響。

於是，負面的想法，讓我們活在低頻裡；正面的想法、情緒則能讓我們活在高頻裡。**想法就是發射台，你的生活如何，都跟你散發什麼想法、吸引來什麼有關。**

思想是極強的能量，也是創造的來源。

物質形成實相之前，最先都來自一個想法。舉例來說：畫家提筆作畫之前，在腦海裡已經看到作品的圖像，他只是將所看到的，呈現在畫布上；建築師也是如此，在蓋房子之前，就已經預見房子的模樣，他只是按照圖像畫設計圖而已。我們周遭所有的發明，不管是科技、醫療、商品、工程、藝術或建築，都是如此產生的。

根據專家統計，我們每天有五萬個想法，思想會將最強的振動組合在一起，也就是你想什麼、相信什麼，都會成真。但是，人的想法往往負面多於正面，因為頭腦喜歡在痛苦的事情上自我折磨，倘若不去察看自己的想法，很容易變成實相、成為命運。

你的感受，是最忠實的頻率系統

當你一察覺到負面的想法，要將它改為正確的，不要將注意力放在問題，而是解決問題上。如果將注意力放在問題上，很容易又會延伸出新的問題，讓我們的生活越來越困難。問題每次來、每次轉移，不要讓注意力在問題、匱乏感或是疾病停留太久。

當你開始察覺信念，透過主導、轉化，就不會卡在那邊，如果現在正經歷你不想要的，也能夠透過重新選擇，創造你所要的。

想要知道你吸引來了什麼，除了察覺想法以外，感受也是重要的。感受是忠實的頻率系統，告訴我們現在走在哪條路上？這條路可行嗎？如果做一件事讓你老是受苦，感受不到喜悅，那就是個警訊，你必須再三考慮，並且趕快離開那個受苦的狀況，換另外一條路走。**感覺不好就是生命的邀請，它邀請你做改變。**

當你給出的原始思維是正確的，也會吸引來許多正面的好事，生活自然是順遂、不費力的，而你也不需要費力採取行動，就像果樹一樣，一旦時間成熟，果實就會自然掉落下來，不用費力採收。

如果原始思維不對，猶如放錯種子，那麼，所結的果實也非你所要，就需要花更多的時間與力氣，重新再導正。

信念決定了我們的生活品質，所以不要讓無意識而是有意識的覺知力，來主導命運。當我們了解內在的思想，就能運用思維調高頻率，與本源越來越一致。

練習清單 隨時察覺

當你靜下來，就可以聽到頭腦喋喋不休的聲音。是的！喋喋不休，沒完沒了，這就是我們的頭腦，如果仔細傾聽，常常會聽到自己對著自己說負面的話。事實上，有百分之八十的想法都是負面的，如果不察覺念頭，我們就會被負面的念頭所主導。

一件事情能否得到好的結果，端看你發出何種信念，所以從現在開始，去察覺想法，是很重要的。如果你已察覺有太多負面想法，就可以做一個練習，請對你的念頭說：「暫停！」只要說出「暫停」，你就能夠很快地主導念頭，而非讓念頭主導你。

這是清除腦中負面思維的方法，就像面對花園中的雜草，必須要經常清理。有些不必要的擔心，或是外來的負面訊息，都可以透過這個練習進行過濾，而不是照單全收。

在生活中也開始去察覺，什麼對你是好的。你如何對待你的身體，是愛護它，還是批判它？你都餵養什麼給身體呢？是健康的飲食，還是垃圾食物？這些食物來自哪裡，如何生產的，對你的身心是否有益處？腦海中冒出來的想法，對你是有益，還是干擾的？是愛還是傷害？

常常察覺、清理，都能讓我們的頻率提升，讓生活的品質更好。

第二章

創造的祕密：金錢、工作，與夢想

富足的第一步

有人問，為何有些人賺錢輕輕鬆鬆，短期內就可以累積財富；有些人努力了一輩子做牛做馬，還是賺不到什麼錢？金錢有什麼祕密，是我們所不知道的？

擁有富足是每一個人的權利，無法擁有它，必有其原因。想要擁有富足，就要對金錢有所認識。金錢是一種交換，也就是我們做了某事以後，所得到的回饋。許多人以為要用辛苦、痛苦，甚至用疾病來交換金錢。事實上，我們可以用喜悅的方法，來換取金錢，而這個方法就是金錢的第一個祕密：

金錢不是賺來的，而是吸引來的。

很多人以為到處拿證書、每天長時間的工作、加班到夜晚就能夠致富，結果到頭來還是無法存到錢，不禁要問：為什麼？

其實努力打拚、苦苦掙扎，這些都不是致富關鍵。金錢其實是一種能量，想要擁有它，最輕鬆不費力的方式就是吸引它來。如何吸引它來呢？

之前有提過，想法是地表最強的能量，散發什麼想法，宇宙也會如實地回應我們，於是匱乏的，吸引匱乏的；豐盛的，吸引豐盛的。所以，決定貧富的關鍵，不在於有多刻苦、多努力，重要的是你對金錢的信念。

也就是說正確的信念，為你吸引來金錢；錯誤的信念，則帶你遠離金錢。現在，我列舉阻止財富到來的六個最常見錯誤信念，讓我們一起來看看，你是否踩在金錢的誤區。

1. 不敢愛錢

有些人害怕別人說自己愛錢，於是無法接受金錢。但是，金錢跟你的愛人一樣，如果不愛它，它就擦身而過，往別的地方去。唯有當你願意愛它、接受它，金錢才會來到你的生命中。

2. 害怕金錢不夠用

很多人對金錢有恐懼感，害怕錢不多、錢不夠用，這也就是窮人會變得更窮的原因。頭腦中的匱乏感，總是告訴我們這個太少、那個不夠，而這樣的思維，是無法吸引金錢來的。事實上，宇宙豐盛無缺，比你想像的還要多，如果能夠放下匱乏感，那麼，你很快地就能擁有豐盛。

我曾經住過一家民宿，和女主人相談甚歡。有次她提到金錢的事，說自己其實很節儉，有時出門跟大家聚餐，看錢從手中出去都好心痛。明明知道這樣不好，也不知道自己為什麼那麼節儉。總是害怕未來、擔心錢太少無法過活。

她的經濟狀況其實還不錯，自己有住房、兩份工作，還有一個房子出租給房客。於是我問她：「小時候家裡的經濟狀況如何？」

她說小時候，家境並不好，因為爸爸常生病，媽媽要扛起這個家，兼很多差事，她國小就隨著媽媽到處打零工，母女看盡別人的臉色，因此她發誓長大後，一定要努力賺錢。

從小到大，她的成績優異，但這麼用功為的是拿獎學金，賺取學費。大學時，認識同校的一名男生，兩人陷入愛的漩渦，但她希望等畢業有工作、經濟穩定之後再來成家，沒有想到那名男生最後跟一個有錢人家的女孩子結婚了。

這就是了，過往的經歷，深深地影響到她現在對金錢的匱乏感。我告訴她：「事情都已經過去了，釋放匱乏感，讓自己自由吧！」她默默地點頭。我知道她還需要一點時間，但是了解問題的根源，是一個好的開始。

我請她進行練習，告訴自己：「過去已經過去了，以前我只是個孩子，無法改變家中經濟，也無法改變男友的選擇。現在我已經長大、是個成人了，擁有相當的財富，也擁有自己的力量，我要釋放過去的匱乏感，不讓過去的經驗影響我，讓自己好好享有現在的豐盛。」同時也建議她常常使用肯定句，來加強金錢的豐盛意識。

3. 害怕給出金錢

有人告訴我，當他從銀行將存款領出的剎那，或者付費給別人的時候，往往有種恐懼感，甚至還有心痛的感覺，好像錢給出就沒有了，再也回不來。

對很多人而言給出金錢，卻不擔心恐懼，並不是一件容易的事，現在讓我們進一步來認識金錢：有些人以為金錢像一塊大餅，切了一大半給了別人，就是等於失去。但是，金錢的運作並不是這樣的。

貨幣這個字的英文是 currency，也是流動的意思，金錢純粹是一種流動，就像迴圈一樣，凡是出去的，會再流轉回來，金錢不是只有佔有，也要給出。

這個運作方式，就是豐盛法則告訴我們的「給予與接受要平衡」。當我們擁有金錢，卻吝於給出，如此就癱瘓了一方能量的流動，無法平衡，也等於告訴宇宙：「我不想擁有更多。」

金錢是有翅膀的，有時候你必須讓它飛出去，好招來更多的金錢，回到你身邊。當我們接受了別人的金錢，也要帶著愛與祝福給出，如此才能讓迴圈順利流動，宇宙也會加倍奉還。

當我了解豐盛法則，知道金錢是如何運作的，便帶著歡喜心給出金錢，因為我知道：所給出的金錢，可以幫助一個人、一個家庭，或者正在就學的孩子。當我願意以喜悅、祝福進行給予的時候，也在無意中得到更多的回饋。

當我沒有了匱乏感，也就擁有滿滿的豐盛，不管走到哪裡，總有同學、朋友或學生，願意主動請客為我買單；有人介紹更多的工作機會，帶來收入；或者收到他人的感謝卡、贈禮、免費機票等等。

4. 認為自己不值得擁有金錢

如果有人心血來潮要送你禮物，你是會開心接受？還是搖搖頭，覺得無功不受祿而拒絕？同樣的，很多人對金錢有不配得的感受，這個感受背後的信念是，我不值得、不夠好、怎麼能有資格，接受這麼好的禮物？這樣的信念，也是阻止金錢到來的原因。

我有一個很優秀的學生，從事學術研究工作多年，因為工作認真，得到長官的賞識，決定以加薪來鼓勵她的傑出表現。但是，在這個學生的認知裡，學術工作是清廉的，不應該獲得獎賞。於是，那一個月加薪多出的三千元，跟她後來意外跌傷所付的醫藥費，是一樣的金額。

宇宙絕對不會勉強我們，去接受自己不要的東西，如果認為不配擁有，那麼，豐盛也不會停留，而從另一個管道流走。

5. 做不喜歡的工作，也會富足

對於這個問題，我的回答是：「做不喜歡的工作，很難致富。」所有的成功人士，都在做自己喜歡的事，做不喜歡的事，是折磨自己，也無法享受富足。所以勇敢地去活出自己的天賦，做你喜歡的事吧！（關於天賦，下一個章節會有更詳細的說明。）

6. 走在靈性路上，金錢是不重要的

這一點更是錯誤的認知！事情本身沒有定義，是人們賦予它定義。很多人認為靈性是清高的，金錢是低俗的，兩者無法匹配。其實，這些都是人們給予的定義。

金錢無罪！真正的大師，不會給金錢貼標籤，而是敬重金錢，將它視為宇宙的供應與祝福。以金錢好好照顧自己、幫助別人，用愛與智慧去運用它，是靈性與物質最佳的融合。

有人會問，正面想法固然可吸引金錢，但是，如果我真的沒有錢，如何有正面的想法，這不是很矛盾嗎？

匱乏吸引匱乏的，豐盛吸引豐盛！想要富足，第一步就是轉化。現在的生活境況，都是過去思想的累積。如果對現狀不滿，就需要有所改變。**想要富足，需將注意力放在你要的，而非不要的**，就像看電視一樣，不喜歡就轉台。如果你想要富足，就先換個富腦袋，當你先啟動豐盛的意識，就能吸引豐盛前來，這就是轉變的開始！

從現在開始，每天用豐盛的信念來對待金錢，用正面語句做轉化練習，告

訴自己：

- 我是豐盛的。
- 我願意接受宇宙的恩典。
- 我允許豐盛來到我的身邊。
- 財富滾滾而來。

你會發現，將負面的信念轉化，結果也會跟著轉變。比方說，你想找個適合的工作，就剛好有貴人介紹那樣的工作給你；想要創業，有人願意跟你投資合作；想要得到資金，親朋好友會伸出援手……只要走在對的路上，宇宙會用各種方式來幫助你，一切都是有可能的！

練習清單　釋放匱乏感

用鼻子輕輕吸一口氣，然後將嘴巴微張，慢慢吐氣，感覺每一次的吸氣、吐氣，越來越深沉，自己越來越放鬆、平靜。

告訴自己：過去已經過去了，我願意釋放頭腦中的匱乏感，不讓過去的經驗影響我。

從現在開始，我願意以豐盛的意識，轉化匱乏感，允許豐盛流入生命中。我也敞開心門，開始迎接豐盛富足，全然地接受宇宙的恩典，並持以感謝，好好享有它。

做喜歡的事讓你成功

音樂家作曲，畫家作畫，詩人寫詩，如此方能心安理得。

——心理學家　亞伯拉罕．馬斯洛

有一個年輕人，日子過得窮苦不堪，但是，他每天早上仍虔誠地禱告，希望奇蹟能夠降臨在自己身上。有一天，當他祈禱完畢，抬頭看見一位全身發光的天使就站在面前。天使告訴他，上帝可以實現他的三個願望。

年輕人心中大喜，毫不遲疑，許下第一個願望：他要變成有錢人。剎那間，天使就把他帶到豪華的大別墅，還有無數的金銀財寶，供他一生也享用不盡。

接下來，年輕人又許了第二個願望：希望自己長得英俊迷人。果然不久後，年輕人變成了英俊迷人的小夥子。這時，他興奮到了極點，不假思索地說出了第三個願望：一輩子不需要工作。天使點了點頭，結果出乎意料之外，他立刻又變回了之前那個窮苦不堪的年輕人。

他不解地問：「為什麼，我變得一無所有了呢？」

一個聲音從天際傳來：「工作是上帝給你最大的祝福。現在你把上帝給你的恩賜都扔掉了，當然就一無所有了。」想想，如果你什麼都不做，整天無所事事，那是多麼可怕的一件事！只有投入工作，你才能遠離空虛和無聊，享有生命的豐盛和活力。

這個故事告訴我們工作的重要性，如果能夠了解，工作不是來折磨我們，而是上帝的祝福，並且好好運用它，生命會因為工作而精彩。

所有成功的人士，都在做自己喜愛的事

有人問我為何要做身心靈教育？「因為不做會死。」聽到這話的人，往往會愣了一下，腦筋反應不過來。我真誠地補充：「心靈教育對我而言，已經不是興趣，而是生命，不做它，生命就沒有意義了。」

最近遇見一位多年沒見的學生。他說：「我大學畢業後，不僅打過臨時工，也當過正式的職員，但是不管換了什麼工作，在職場我都不快樂。」最近

他把工作辭掉了，想好好思考一下未來的方向。

他問我：「人們到底為了什麼而工作？工作的意義是什麼？」聽了這個問題，我反問他：「你為何而工作？」

他無奈地回答：「賺錢吧！如果不是為了賺錢，自己也不用那麼辛苦。」

「這就是你不快樂的原因，你沒有在做喜愛的事！」

他很吃驚：「做喜愛的事，可以維生嗎？」

我微笑地告訴他：「所有成功的人士，都在做自己喜愛的事。」

我想起一部電影《型男飛行日誌》，片中的男主角職業很特別，是企業資遣家，大企業雇用他來開除員工。有一天，他要開除一個上了年紀的經理，那位經理因為害怕失去工作後，無法面對家人，一直不願意離職。資遣家看到他的履歷表上，有著法式料理廚師的資格，於是問這個經理：「他們給你多少錢，讓你放棄你的夢想？」

「你什麼時候才會停下來，回頭做真正會讓你開心的事？」聽到這裡，那位經理態度軟化了，他想起自己曾經為了固定的薪水，而放棄夢想，現在雖然面臨資遣，似乎也是重拾夢想的契機。

很多人在選擇工作時，常常為了維生，或滿足別人的期待，勉強自己去做不喜歡的事。這樣的人，每天不斷努力工作，卻感到自我折磨；一輩子上班打卡，卻不曾感到快樂。在這種情況下無法獲得高薪，也很難感受到自我價值。

為什麼選擇自己喜愛做的事，如此重要？我們來看看字典詞彙的解釋：英文的 vocation 解釋是職業、稟性、才能、天命。德文 Beruf 是職業，原意是 Berufung，是召喚、使命的意思。不同國家的文字，解釋都是大同小異，這也說明：真正的職業，是用稟性、才能去工作，這也是一種召喚、使命感。

每一個人都有與生俱來的強項，這就是老天賜予的禮物。我們生來就注定要做某些事，去看見自己的獨特性，將天賦運用到極致，用它來擴展自己、服務別人，這就是我們的使命與任務。

當我在做喜愛的事，感受到內在的熱情與渴望，形成一股巨大的力量，推動著我向前，生命有了支持的動力，也在工作中看見了自我價值，與自己和諧一致，於是活得心安理得。

而且，我也發現一旦做自己喜愛的事，便願意全心全力付出，即使工作量多大或必須工作到很晚，也甘之如飴、樂在其中。雖然身體偶爾也會疲累，但是精神上的喜悅，是可以勝過肉體疲勞的。

內在的渴望帶來力量與喜悅。這也就是為什麼喜愛音樂的人，可以唱歌到快天亮；喜愛旅遊的人，可以克服時差，克服遠行的疲累；喜愛做菜的人，可以每天與油煙為伍，仍然感到快樂。

有一次我要帶領一日八小時的工作坊，因為備課又要早起，有點疲累，但是一進到教室，喜歡教課的我，精神就來了。當我站在講臺神采奕奕，微笑流露在臉上，學生們感受到我對工作的熱愛，於是也感染了這股莫大的力量、充滿喜悅。那天下課後，外面已是一片漆黑，大家都很餓了，但是學生們都還意猶未盡，遲遲不肯離開，讓我很感動。這就是從事志業的喜悅！

當一個人在做喜愛的事，便點燃了內在的熱情與渴望，工作不再是折磨，而是好玩的遊戲，於是越玩越開心。因為做喜愛的事，所以自然會全力以赴，當我們越做越好，像鑽石一樣發光的時候，貴人、財富也隨之而來，這就是「花若盛開，蝴蝶自來」的過程，也是輕鬆不費力，吸引財富前來的方法。

真正的工作，要帶給你的不是只有薪水，而是價值，還有享受它。每當我一天的工作結束了，總是帶著微笑睡去，隔天醒來，想到又可以工作，就喜悅地醒來。原來，每天喚醒我的不是鬧鐘，而是工作，天天如此重複，日日就是好日。

志業是自己喜歡，也長久進行的事

那麼，興趣、事業、志業三者之間有什麼不同呢？

興趣：是個人閒暇之餘喜歡做的事，例如：唱歌、打高爾夫球、彈琴、跳舞、畫畫、打太極拳等等。

事業：是我們付出時間、精力、技能、經驗、專業後，所換得的薪水收入。為生活而工作，是被動的，但我們常常是以養家糊口、賺錢維生為工作的目的。

志業：是個人的渴望、熱情、興趣。志業是更高層次的，那是與生命的連結、來自靈魂的渴望、是內在心靈的滿足，是用自身才能來分享予他人、服務他人，志業不是你想要做的事，而是非做不可的事。

舉個例子，兩個對學琴有興趣的孩子，剛開始對音樂都有一股熱誠，但是學習一段時間後，其中一個孩子的熱情褪去了，彈琴這件事變得可有可無，最後甚至停止學習，這就不是志業。另一個孩子，始終熱情不減，長大後教琴、開音樂會、為詩歌班伴奏，與他人分享音樂，這就是志業。

做任何你喜愛做的事，持久的興趣、專長，都可以成為志業。志業也可以是音樂演奏、舞台表演、教學、寫作、繪畫，或服務性質的慈善事業，如志工、照顧老人、教養小孩、為社區及社會服務貢獻等。當然，母親照顧家庭，養育小孩，也是一種志業。

有人問，志業一定要是主業嗎？志業可以是主業，也可以是副業。它也可以是下班後或空閒時，再去從事的工作。

我有一個朋友烹飪技術很好，媲美五星級飯店主廚，但是，他沒有去當廚師，而是擔任室內設計師。設計師這個工作帶給他穩定的收入，但是，他也不忘對烹飪的熱情，除了常做菜給家人朋友吃，有時候也多做一份飯菜，送給隔壁獨居的老人家享用。不管週末或是假日，凡是能以烹飪進行贊助的慈善、親子、社區大小型活動，他一律參加。

因為無私的付出，讓他常常有好心情，也感受到自我價值，不僅贏得好人緣，也有更多的顧客上門請他做室內設計，事業、志業相輔相成，讓人看見生命的美好。

那麼要如何才能找到天賦？先寫下清單，問問自己：

1. 你特別喜歡做什麼事？

2.不用花太多心思，不需很費力，就可以順利完成的？
3.你的強項、特質是什麼？
4.有什麼是你喜歡做，又可以在短時間內做得比別人好的？
5.有什麼事，是大家會想到你，常常向你請教的？
6.做什麼事能讓你喜悅，甚至可以廢寢忘食？如果你廢寢忘食地投入，就表示那件事情可以滿足你，你也在那方面有特殊的才能。

作家大衛．佛洛斯特說過，如果你很想成功，不要以成功為目標，只需做你喜歡並相信的事，成功就不請自來。你的才能就藏在天賦裡，去做你喜歡做的事吧！當你在做喜歡的事，活出生命的價值，那就是生命的意義。

讓夢想自由

別放棄你的夢想，否則你的夢想也會放棄你。

——籃球教父　約翰．伍頓

一個風和日麗的午後，一隻小鴨子正在湖中泅泳著，突然牠看到水面，自己瘦小的倒影，不禁為此感到自卑而難過。此時，一隻巨大美麗的白鳥，像帝王般優雅地向牠游了過來，小鴨子望著那高貴的身影問：「你是誰？」

大白鳥說：「我是天鵝！」

「你好美！如果我有你一半的漂亮就好了。」醜小鴨羨慕地說。

天鵝笑了笑回答牠：「你也是天鵝。」

「怎麼可能？我只是一隻醜小鴨。」

「不！你是年幼的天鵝，不是醜小鴨，你不快樂是因為不知道自己真實的身分。」

當醜小鴨知道自己是年幼的天鵝，便抬起頭，再也不自卑了，當牠不再用醜小鴨的眼光看自己，便看到自己的美好。

每個人來到這個世界上，是為了創造，也就是醜小鴨變天鵝的過程。醜小鴨是那一個「錯誤的自己」、「天鵝」才是我們真正的身分，如果不知道自己是年幼的天鵝，而是活在醜小鴨的世界，那麼，就感覺不到快樂。

你這一生可以忽略夢想，讓自己過得庸庸碌碌，然而，你也可以好好運用它，讓生命變得充實而喜悅。**真正的生命是往內在走去**，活出自己，找到生命的任務及藍圖，才是夢想帶來的目的。

世界上的一切，都是由夢想創造的

談到夢想，我想有很多人會好奇地問：夢想是幻想嗎？我們是否能夠擁有夢想？為何夢想無法成真？如何才能實現？

現實生活中，每個人都懷有夢想。還記得小時候、年輕時的夢想嗎？那時候，我們的夢想是如此自由，充滿想像空間，對未來抱持無限的可能，相信願望終有成真的一天。

但是，隨著年齡增長，在現實壓力的衝擊下，有人認為夢想是不著邊際、天馬行空的幻想；有人想要圓夢，卻一再拖延，等到有錢有閒再說；也有人遇到了挫折，便不再相信夢想，也漸漸遠離夢想。

理智告訴我們：「活在現實生活中吧，別再做夢了！」但是，我們的心卻渴望夢想。夢想是內在的召喚，我們對夢想的渴望不會消失，只是被理智掩蓋住而已！

如果你對夢想感到懷疑，那麼，我要告訴你：世界上所有重要的創造，都是透過夢想而實現的。舉凡今日生活上所有的創造，電腦、手機、飛機、汽車、文學、音樂、建築、藝術等等，全部都是人們夢想的產物，假若人類離開了夢想，眼前美好的生活，將不復存在。

現在是喚醒內在力量的時候了！**不要懼怕夢想，除了自己受限的意識，捆綁了自己，沒有什麼是能夠框住你的。**

夢想是由內向外的創造，它需要你顯化在物質世界中，擁有夢想、完成夢想，是這一生重要的事，也是該做的事，讓你的夢想自由吧！

夢想成真的鑽石路徑

講到夢想，我想大家最關心的就是：如何能讓夢想成真？要回答這個問題以前，我們先來看看一般人最常有的夢想是什麼？

- 我想要擁有很多錢。
- 我想要升職，要有更高的階位。
- 我想要擁有理想伴侶，一起過著幸福快樂的日子。

如果你是帶著匱乏感許願，這些夢想就很難成真，即使真的心想事成也會帶來一些問題。什麼是匱乏感？我要有錢，是因為害怕錢太少，我對金錢沒有安全感；我要更高的職位是想掌控別人，彰顯自己的權力，得到別人的認同與肯定；我因為沒有辦法愛自己，所以要找一個人來愛我。

用匱乏感許願是惡夢的開始，因為這一些夢想都是源自於「我沒有，所以我想要」的念頭。就像農夫手上沒有種子，卻跟老天爺祈求：「趕快讓我豐收，有所收穫吧！」這樣的祈求是徒勞無獲的。

想要錢，是因為恐懼沒有錢，所以要需要錢，有錢還要更有錢。

想要權力，是因為無法肯定自己，所以需要別人的肯定，永遠有追求不完的權位。

想要理想伴侶，是因為我無法愛自己，所以要別人來愛我，就變成一個到處討愛的人。

真正的許願是：

我相信宇宙豐盛，每一個人都有足夠的金錢可以用。我想要有錢，是為了能去上我喜歡的課，讓自己成長。

我想要有更高的職位，是為了可以發展自己的才能，多學習做事的方法，提高領導力、成熟度。

想要擁有理想伴侶，是為了我有滿滿的愛，想與對方分享我的愛。

如果你的願望不只為了自己，而是對別人有助益，這樣的願望更會加速達成。當我們對自己的願望，也就是原始思維很清楚了，那麼就可以開始往夢想成真的路徑移動。

1. 知道自己要什麼

愛因斯坦曾說，生命會給你需要的東西，只要你在想它的時候，說得一清二楚。

《愛麗絲夢遊仙境》裡面，有一段愛麗絲與貓的對話，愛麗絲問貓咪：

「請你告訴我，我現在應該要走哪條路呢？」

「那得看你想要去哪裡去啊！」貓咪說。

「我也不知道往哪裡去……」

「如果你不知道往哪裡去，那麼，你走哪一條路也不重要了，不是嗎？」

知道自己要什麼，是很重要的。當你不曉得往哪裡去，就不知道往哪個方向走；如果不知道自己要什麼，宇宙就無法給你想要的。

想像一下，你去買車票，售票員問你要到哪裡？你說：不知道。那麼，售票員會請你旁邊站，讓他先服務其他乘客，一直等到你說出要去哪裡為止。

有了明確的目標，才會為行動指引出正確的方向，才會在實現目標的道路上，讓我們少走彎路。有人漫無目標，或目標過多，都會阻礙夢想的實現，**要實現心中的願望，你在想它的時候，要說得一清二楚。**

有些人會說：但是，我就是不知道自己要什麼，怎麼辦？如果真的不知道，我會建議先列一張清單，寫出你不要什麼，慢慢就能聚焦出你要什麼了。

2. 許一個來自內心的願望

生命藍圖是屬於自己的，如果是別人給的，也不會感覺到快樂。真正的夢想不是滿足別人的要求及期待，而是跟自己的靈魂一致。傾聽自己內在最真實的聲音，當你與內在的自己一致的時候，生命的能量才會完全啟動，朝著你要的方向前進。

3. 正確的許願句

許多人在許願的時候，常常把注意力放在錯誤的地方，而無法心想事成。**許願句不要用未來式、否定句以及負面的話語**，如果用否定句，例如：「我不要生病」，就是專注在生病這件事上，反而會吸引來疾病，這也就是心想事不成的原因。許願時不要用否定句（例如：不要、不再、絕不、沒有），也不要把注意力放在不想要的地方。我們來看看錯誤與正確許願句範例：

健康許願句

錯誤：「我不要生病。」

「我要痊癒。」（痊癒，暗示著疾病或生病。）

正確：「我是健康的。」

「我的身體可以給我一切我所需要的。」

錯誤：「我沒有恐懼。」

正確：「我相信自己、信任自己。」

財富許願句

錯誤：「我沒有錢，想要更多金錢。」

正確：「我可以得到好工作。」

「我值得擁有富足。」

「我時時刻刻都可以得到豐盛。」

肯定句對於潛意識有強大的效力，每天說一、兩次是不夠的，連續多說幾次，練習時不只是去想、去說，也要去感受它，不產生絲毫懷疑。

4. 想像你要的結果

水要加熱到攝氏一百度才能沸騰，夢想也一樣，要有足夠的視覺化加速轉動。也就是說，去想像願望成真的結果，畫面越清楚越好，讓自己用五官感受、身歷其境，讓想要的結果，與你的夢想一致。

在維也納總統府前面的英雄廣場裡，有一座巨大的駿馬雕像，駿馬前腳騰空、後腳立地，親王坐在馬背上英姿煥發。看過這尊雕像的人，都對高超的雕刻技術驚嘆不已。有個記者感到很好奇，便採訪這位雕刻家：「您的作品真是曠世之作，您如何能雕刻出如此高超的藝術品？」

雕刻家說：「很簡單，在我雕刻之前，腦中已有了作品的圖像，我只是把不屬於圖像的東西，用小錘和鑿子鑿掉。結果，雕刻出來的作品，就和我想像中的一模一樣了。」

夢想也是如此，越去想像想要的結果，在腦海中描繪出越是清晰的畫面，我們將會真的看到我們所預見的。

我也曾經運用視覺化能力，加速心想事成的腳步。那一年，我自國外返台定居，二十五年旅居歐洲回來後，朋友很少、沒有關係、人脈，一切從零開始。當時我想找一份心靈課程的教職，於是想到了一所離家較近的大學，將履歷表寄出。在等待學校審核通知的那段時間裡，我將自己融入未來想要的畫面：我想像自己就是這所學校的老師，在校園裡與學生微笑地打招呼，想像站在講台上，學生專注地聆聽。

就這樣幾個星期過去，有一天學校通知我錄取了，我開心得無法以筆墨形容。尤其開學後，我在校園跟學生打招呼，學生專注聽課的神情，與我之前預想的畫面一模一樣。我不得不感謝預想的神奇力量，加速了實踐夢想的腳步。

小哲已經失業很久了，他來上課的時候，我剛好講到心想事成的練習，問他的心願是什麼？他說，希望能夠找到適合的工作。我問他，對你而言，所謂適合的工作是什麼？他說，希望當人資系統軟體工程師，在不錯的環境裡、最好是能在高樓大廈裡上班、薪資約一個月四萬元。

於是，我告訴他可以用視覺化的練習，想像每天都在這樣的環境裡工作，最好每天早、晚於潛意識最清楚時做此練習。在這段期間，他也積極地蒐集公司相關的面試資訊，主動出擊，不久後果然被一家資訊科技公司錄取，上班的公司就在某大樓的第十一層樓，月薪近四萬，環境舒適，上司與同事對他都很好，令他很高興。

有整整近一年的時間，他因為投出的履歷表都石沉大海，一度不相信自己能夠找到好工作、夢想可以成真，但在上課後，持續不懈地做了心想事成練習，沒想到在短時間內，就實現了自己的願望。

不管你有什麼夢想，試著把自己明確地放在那個情境中，清晰地看到夢想成真的結果，去體驗伴隨而來的喜悅，那麼，你就會接收到最好的結果。

5. 相信的力量

很多人都聽過這句話：沒有什麼是不可能的事，只要有一粒芥子的信心，便可移山。汽車大王亨利．福特也說過：「相信自己能與不能，你都是對的。」

心想事成的人都有一個共同點，那就是：他們百分百相信自己能實現夢想，那相信是發自內心，而不是大腦思考的結果。也就是說，他們不自覺地就在意識中，相信自己的夢想能成真，從不懷疑。

有一位主管告訴我：「昨天公司招聘新人，來了一個從最高學府以優異成績畢業的大學畢業生，你猜我有錄取他嗎？」

還沒有等我回答，那位主管很神祕地說：「我沒錄取他。」

「哦？為什麼？」我好奇地問。

他說：「不管是筆試，還是面試的時候，那個高材生表現都很好，我很欣賞。以他的條件，絕對可以要求較高的薪資，他卻沒有。他要求的職位是最低的，薪資也是最差的，我問他，如果表現良好，一年後給予升遷經理的機會，還有加倍的薪資，願意接手嗎？高材生考慮很久，認為自己還不夠資格、不夠好，最後，我就沒有聘用他。」

主管繼續說：「真是可惜！一個連自己都無法相信的人，我們也無法相信他。」

相信像是踩油門，懷疑是踩煞車，兩者無法並存。當你想要一樣東西，卻對自己的願望感到懷疑，是無法心想事成的。如果你許了一個願望，卻對它有所懷疑，無法百分之百地相信，那麼，建議你要換另一個願望。

6. 行動力

行動力也是實踐力，夢想不只是光想，還要開始行動。

我的父母曾經都有一個夢想，那就是到歐洲遊玩。當年，我的父親說到做到，他真的放下工作，給自己兩個星期的假期，買了機票，飛到歐洲渡假，圓了他長久以來的夢想。

反觀母親一再拖延，她總是說：有空再去、等存到更多錢再去……最後等到年老了，膝關節有問題，兩腿無力，就再也無法成行，當然，這個遊歐之旅的願望，也從未實現過。

7. 給夢想一點時間

有些人許願沒多久，就急著想看到結果，一直問：夢想為什麼還沒實現？

給夢想一點時間吧！播種與收穫不會在同一天，當你種植了一棵樹，就要耐心地等它成長，所有的事情都需要時間，願望也是如此。

走在夢想途中，一定要耐心等待，很多人步驟都做對了，最後因為等不及而放棄夢想，那就可惜了。許願後，就像寫好一封信把它寄出去，只要保有喜悅的感覺，其餘的放手交給宇宙去處理，相信宇宙會給你最好的安排。

第三章

逆境的禮物

用更高的角度看逆境

契機藏在逆境裡，以至於大多數人都沒有看出來。

——專欄作家 安・蘭得斯

在進入逆境這個主題以前，我先講一個雪花的故事。

有一年初冬，雪花興高采烈地到來，紛紛揚揚地下了一場大雪，將大地裝扮成銀白色的世界，大地卻不悅地說：「雪花，你太冷了，我的身體已凍僵，河流結冰不動了，樹木沒辦法生長，你讓我失去了生機，你最好離我遠一點，不要再靠近我。」

於是，雪花連忙道歉，傷心地走了。

從此，雪花不再來拜訪大地，再也不飄了。大地很高興地說：「小草，我的孩子們快長出來吧！雪花不會來了，你們不會覺得寒冷了。」說完，大地請春神叫醒她的孩子。

小草們被春神吹醒後，迫不及待地鑽出大地，可是沒多久他們就枯萎了。大地既納悶又心疼地問：「我的孩子們，怎麼了？」

「噢！大地母親，你的身體太乾了，我們在你身體裡吸收不到一點水分，我們就快被渴死了。」小草們有氣無力地說道。

大地焦急望著小草們，愧疚地說：「怎麼會這樣？」

小草們說道：「因為冬天裡沒有雪的滋潤，大地會變得無比乾燥，我們才無法生長。」

此時，大地知道自己錯怪雪花了，雪花是來幫助她的，不應該將他趕走，於是跟雪花道歉。不久雪花又再度降臨，興高采烈地裝扮著大地。

站在更高的角度觀看，就不會亂了套

有人問我：「在人生的旅程中，我們都無法避免逆境，當逆境來臨時，要如何看待它呢？」

我回答：「往上看。」

什麼是往上看？就是用更高的角度來看逆境。想像一下，如果你今天坐在還沒起飛的機艙內，想要看到外面的風景，是很困難的，唯有讓飛機飛行到一個高度，才能看到風景的全貌。

這也就是說：從人的角度來看逆境，往往我們是不明白的，而且是負面的。但是，如果能夠用更高的角度來看逆境，那麼，你就可以穩坐在颱風眼的中心點，不被逆境的風雨所打亂。

也許有人會說，不要把逆境看成是負面的？這不容易吧！確實不容易，但是，如果你擁有把壞事看成好事的能力，那麼，你就有福了。很多事情，就看你用什麼角度去看待它。我們來看看大師和一般人看待逆境有何不同。

一般人看逆境是敵人；大師看逆境是朋友。

一般人看逆境是絆腳石；大師看逆境是墊腳石。

一般人看逆境是障礙；大師看逆境是祝福。

一般人認為逆境是：「衝著我而來。」大師知道逆境是：「為了我而來。」

以一般人的角度來看逆境，我們就無法了解背後的意義，但是，如果從更高的角度來看，就知道逆境是來幫助我們的。生命是一所學校，所有來到生命中的問題都是老師。很多人把問題看成是壞事，其實它不是壞事，而是「不舒服的好事」，問題是上天為你精心設計，來幫助你成長的。

不需要為了問題譴責任何人

當問題來的時候，你有兩種選擇：是繼續停留在問題中，還是去解決問題，看見更多契機的可能性。

我的朋友四年前租了一家商店，空間大、地點好、客源穩定，經營得不錯。但是萬萬沒想到，房東一直想要提高租金，雖然她也多次嘗試與對方溝通，卻一直沒有達成共識。幾個月後，房東又說經濟有困難，堅持要將房子賣掉，不再續租。這情況來得突然，讓她不知所措，如果就這樣放棄這個店面，多年經營的生意與客人會流失，必須另起爐灶，一切從頭來過。於是天天都在思考，該如何解決這個困境？

有一天，她突然有了靈感，想到日前有一位好友跟她說，自己手上有一筆資金想要投資，於是她便主動拜訪好友，看對方是否有意願買下這個店面，自己再跟他承租。

沒想到對方很快就答應這個提議，之後跟房東聯繫，房東也欣然同意，雙方的問題一併解決了。因為她不放棄，也願意去尋找解決方案，沒想到一次，便解決了三方的問題，皆大歡喜。這讓她再次確信，每一個危機都可以轉化為契機。

很多人遇到問題，不是譴責自己，覺得自己是個失敗者，就是抱怨對方責怪別人。其實譴責對事情一點幫助也沒有，如果將注意力放在譴責上面，就會引發更多的問題。

面對問題的正確態度是：不譴責，如實的接受問題，把注意力放在解決問題上，尋找解決方案。問自己：在逆境中可以學到什麼？帶來什麼轉變？可以尋求的可能性、契機是什麼？

問題是一個訊息，來告訴我們：要做緊急處理。解決的時間越早越好，最好在問題還小的時候。如果不解決，問題會重複出現，直到你去處理為止。

有人認為問題就是犯錯，但是，沒有人不是在犯錯中學習的。重要的不是不犯錯，而是不重蹈覆轍。問題是一個契機，倘若解決了，我們就可以重獲自由。

問題是課後輔導老師，為了幫助我們做功課的，當我們將問題解決了，老師也就走了。

練習清單　重新面對問題

1. 我可以在問題中可學到什麼？
2. 我的功課是什麼？
3. 需要改變什麼？
4. 常出現的問題是什麼？
5. 如何運用機會解決問題？
6. 如何避免問題再度發生？
7. 我理想中的生活是什麼？
8. 如何做才能過自己想要的生活？

人生可以不受苦

你是否還一直活在受苦中？

很多人將痛苦與受苦，放在一個碗裡攪拌，以為痛苦就是要受苦。其實，人是有選擇權的，**我們可以經歷痛苦，但是，不要選擇受苦**。

痛苦是善意的警訊

走在人生的旅程，難免會經歷不適的狀況。痛苦就像有時候走路一不小心跌倒，會擦傷、割傷、扭傷，或者會因為意外事故而受傷，但是，除非是巨大的傷害，否則經過處理以及一段時間的療癒，傷口會自行復原。

疼痛讓人有不舒服的感受，許多人也以負面的看法來解讀它，但是，疼痛其實是身體的保護機制。試想，當手碰到了燒燙的熱水，卻沒有疼痛的感覺，也不知道將手抽回，會造成怎樣的後果呢？

如果身體有了問題，卻沒有疼痛，我們在不知道的情況下，便不可能處理，那又是多麼危險？如果身體沒有釋放出訊息，怎麼能引起人們的注意？

身體其實是有智慧的，疼痛是善意的警訊，來告訴我們：要注意！這裡有問題要處理。當我們聆聽這個警訊，並即時做處理，危機將會減少到最小的程度，甚至危機很快的就會解除，讓我們又重返安全、健康的狀態。

有一天母親清晨起來開窗，一不小心沒站穩，在她的房間跌倒，耳朵有個很大的傷口，送醫縫針後的三星期內，我在為她換藥的過程中，看見原本很深的傷口，經由縫合、拆線、到緊密地連結在一起，最後只剩下一條細細的、幾乎看不見的線，從最初的疼痛，到最後的不痛，讓我感受到時間的力量、身體的自我療癒力，以及生命的神奇。

在那段時間母親自己說：「從這個事件上，我學到了。」我好奇問她：「你學到了什麼？」她說，當時自己在想別的事，走路不夠專心，這件事讓她學到，日後走路要更專注。

隨著時間的流逝、傷口漸漸復原，母親早已忘了疼痛，好像什麼事都不曾發生過，但是，她變得更專注當下，這件事讓她留下了學習經驗，她又開始自由走動，回歸原本的生活。

受苦是自己選擇緊抓痛苦不放

這件事讓我了解身體有自我療癒力，痛苦真的有過去的一天。但是，受苦不一樣，受苦可以說是自己的選擇。為什麼呢？受苦的拉丁文是suffero，也就是攜帶的意思。過去總會消逝、事件也有過去的一天、疼痛也有不痛的時候，但是，任由自己在不快樂的事件中悔恨、埋怨、糾結、受折磨，而不肯讓過去的事物過去，緊抓著痛苦不肯鬆手，每天攜帶著痛苦過日子，就是受苦。

在一次課程中，有位太太說她跟老伴結縭五十年，自從老伴過世之後，她既孤單也很痛苦，不時地想起老伴和過去的點點滴滴。就這樣，常達三年的時間，她都窩在家裡，生活在過往的回憶中。有一天，她突然頓悟了，一直待在家裡也不是辦法，日子還是要過下去，於是決定出來上課，參加一些活動，慢慢地調整生活，讓自己過得充實。

對於痛苦與受苦，我個人也有一些體驗。那一年，父親在我生日的時候離世，有很長的一段時間，我很掙扎，不曉得要為父親的離開難過，還是為自己的生日高興。有五年的時間我選擇不過生日，好友要為我慶生，統統被我婉拒了，生日那天，我總讓自己沉浸在思父的悲傷中。

這樣的情況，直到有一天，一個念頭閃過我的腦海：「父親如此愛我，如果他老人家在世，一定希望我過得好、過得開心。」於是，我選擇慶祝生日、慶祝生命。每到了生日這一天，我都感謝父親讓我來到這個世界，以愛來紀念父親，也以愛來對待自己，是愛讓我離開受苦，回到喜悅的境地。

許多人總以為是那個人、那件事造成我們痛苦，事實上是自己不願意走出來，而造成受苦的狀態。所有的痛苦其實都有過去的時候，只要放手不緊抓。受苦不是你該走的路，如果長久走在這條路上，那麼就是來告訴你，該走另一條喜悅的路了。

沒有失敗這回事

失敗，只不過是讓你有機會，用更聰明的方法，重新開始。

——福特汽車創辦人 亨利．福特

有人問我，要如何面對失敗？

我說：「沒有失敗這一回事。」

當我們認定自己是失敗者，就會用想像的失敗來打擊自己，如此一來便剝奪了之前的努力，最後只會讓我們對自己失去信心，沒有動力再前進。

事實上，沒有一個人的一生是不曾失敗過的，即使成功人士也不例外。著名的大導演史蒂芬．史匹柏，曾經被影視學院三度拒絕入學申請。美國知名主持人歐普拉曾被電視公司開除，說她不適合進入電視圈，她轉戰另一家電視台，還因為收視率很低而被停播節目。

席維斯．史特龍出道前被眾多編劇家、五百個導演，拒絕過一千八百五十五次，最後還是沒有放棄，終於獲得演出的機會，一炮而紅。華特・迪士尼曾經被報社編輯以缺乏想像力為由而解雇。之後他所成立的第一個動畫公司，則因為付不起房租而解散，那時他窮到吃狗罐頭來果腹。

汽車大王亨利・福特失敗並且破產五次，最後終於成功。肯德基創始人山德士上校二度創業，在六十五歲那一年帶著新配方尋找連鎖店，結果沒有人願意跟他合作，在被拒絕了一千零九次後，終於才有第一家連鎖店成立。

相同的，如果來到科學家的實驗室就可知道，即使他們失敗一百次、一千次、一萬次也不會放棄。他們沒有把做不成功的結果當作失敗，而是認為他們成功地找出了沒有做對的原因。

錯誤是人生的停靠站

很多人將失敗歸咎於犯錯，我個人對於「錯誤」的定義很好奇，想知道古時智者如何定義它，翻開字典一看，「錯誤」的德文是 Fehler，原意是「偏離方向」，也就是說：錯誤讓我們有機會改變方向。

記得多年前，我一個人初到國外，第一次搭地鐵，那天人潮很多，我好不容易將行李箱推進車廂，沒想到門一關，行經幾站，才猛然發現坐錯車，於是趕快下車看清地圖，換了車、新方向，最後才到達要去的地點。

錯誤不就是人生站牌的停靠站嗎？如果我們搭錯車，不是前往想去的方向，那麼，這個停靠站，就提供了下車的機會，得以換個方向，繼續往目的地前進。

當我繼續研究德文 Fehler，還有一個新發現：只要將幾個字母對調，就出現新的組合 Helfer，這個字是「幫手」的意思。原來錯誤是為了來幫助我們，讓我們做得更好，繼續往上提升。

失敗是代表用行動力做了某事，而不是只有空想，雖然最後沒有達到預期的結果，但是，那不代表失敗，而是訊息告訴我們：這樣行不通、還沒有做對。

失敗，其實是走在成功的路上

有人很害怕失敗，於是也不敢嘗試。但是，地球是一個教室，我們都是透過錯誤的經驗在學習，**前往成功的路上，最大的失敗不是跌倒，而是不敢嘗試**，偉大的成功，都是來自於不斷的嘗試。

籃球界的飛人麥可．喬丹，曾經在接受記者訪問時說：「我一生中曾經遭遇許多的失敗：超過九千球沒投進，輸了近三百場球賽，有二十六次負責執行最後一擊的致勝球，但失手了。」他說：「人生本來就有失敗的時候，但是我無法接受，因為害怕失敗，而不去嘗試。」「正因為我一次又一次地失敗，所以我成功！」

失敗，不會阻止我們走向成功，除非將自己看成是失敗者。很多人將失敗歸咎於自己，但事實上，失敗的不是你這個人，而是方法沒有做對。失敗也幫助我們看見問題的存在，沒有解決的問題會一再重複出現，直到我們去處理它為主。

在日常生活中，有沒有哪個事件、問題，是一再出現，讓你感到挫敗的？如果有，請不要自責，也不要把問題歸咎於外境，好好正視問題，找到原因處理它。

在二元的世界裡，生命的起起伏伏，也代表失敗與成功，都是生命中會經歷到的事，失敗是錯誤經驗的總和，有價值的回饋，讓我們有所警惕以及轉變，也是幫助我們邁向成功的階梯。

成功是得到預期的結果，失敗是走在成功的路上，還沒到達目的地。失敗永遠都有機會導向成功，除非放棄，不願意再試，否則總有成功的一天。

解脫痛苦的方法

日常生活當中，常常會聽到有人用很氣憤的語調說：「我不接受。」當我聽到這句話就知道，不接受的人一定過得不快樂，甚至很痛苦，不接受是情緒與痛苦的來源。

我們總是希望生活上的一切，能夠按照自己所想要的發生，但是，很多時候不一定能夠符合我們的期待，只是呈現事實的現象。當我們不願意接受，就是與事實在對抗，然而，越對抗只會越擴大，到最後受苦的還是自己。

平息痛苦的方法是全然地接受！接受所有的人、事、物，一如它本來的樣子，接受「現在」就是這個樣子。

接受是改變的契機，當你要求父母、伴侶符合你期待的樣子，並非他真正的樣子，就會引起關係上的緊張與衝突，如果真的愛對方，就應該接受他本然的樣子。接受是更高層次的愛，唯有愛才能夠真正的改變，才能解決問題。

不僅接受別人，也接受自己的優缺點，接受過去的一切，對不快樂的過去說聲感謝，向它告別，現在，就是你最好的位置，從現在開始放眼未來，才有可能改變未來。

接受了，才能更深刻了解自己

很多人誤以為接受就是認同，但是，**接受並不是認同，而是允許事實存在**。先接受現況，不與事實抗爭，情緒就能夠平息下來，於是，就能鬆綁自己，獲得自由。

任教於某補習班的李老師對我說，這幾天他感到特別生氣，無法好睡。

我問他氣什麼呢？

「我很氣班上一個學生，他很笨，我教得那麼辛苦，連小學生都會寫的題目，這個八年級生都做不來。」

「你氣他笨，那麼你的期待是？」

「他應該聰明。」

「你無法接受他笨？」

李老師搖搖頭：「我沒辦法接受。」

我語氣緩慢，但逐字清晰地說：「當你認為他應該聰明，不該笨，就是在抗拒事實，當你與事實對抗，就會引來煩惱。」

「你是說我應該接受他很笨嗎？」

「沒錯。」

「但是我接受了，不就是認同嗎？」

「你誤解了！接受不等於認同。真正的接受是不否定他笨，即使你不認同這個事實。接受這個孩子就是笨，不夠好，接受目前就是這個樣子，對方才有可能改變，只是不是現在。唯有當你不與事實對抗，情緒才能夠平息下來。」

我繼續說：「同樣的一件事，每個人的看法都不同。就拿笨這個字來說吧！每個人對『笨』的反應不一，你對『笨』之所以反應這麼強烈，應該有你過去的經驗在裡面。」

李老師有點吃驚：「你是說？」

「你小時候發生過跟笨有關的不愉快經驗嗎？」

李老師想了一下點點頭說：「我對『笨』的確感到很排斥。小時候父母對我要求很高，所以我希望處處表現良好，我的表現不能不如人，我無法忍受自己笨。」

「所以常年以來，你的潛意識是抗拒『笨』這個字眼的，『笨』代表被拒絕，你害怕如果表現不好，會辜負大人的期望，而得不到愛。於是，有很多事儘管你不喜歡，卻勉強自己去做，不是嗎？

「你對『笨』其實是排斥的，『笨』變成內在的一個部分，若你不去看它，永遠不知道自己為何會對一個『笨』字，有那麼強烈的感受。」

李老師恍然大悟說：「現在，我終於知道為什麼了。」

情緒來自過去的經驗，有時候一些你無法接受的事實，正反應了潛意識中的問題，等待你去發現、解決。當你能先接受，繼而去想為什麼自己原先會有這麼激烈的反應，不僅不會產生痛苦，甚至能更深刻地去認識了解自己，當明白了整件事情的來龍去脈，一切就得以鬆綁。

改變才可能有驚喜

停泊在港口的船隻可確保安全，但是，那不是造船的目的。

——作家 威廉·謝德

有一位朋友最近面臨了人生的轉變，想辭去從事二十年的工作，也想離開一個友人，她感慨地對我說：「最近人生變化很大，短短的時間內，生活好像重新洗牌。」她問我到底是誰在改變？老闆？朋友？還是自己？

我告訴她：「每一個人都在改變。」

朋友嘆了一口氣說：「我以為一切都不會變呢。」

改變是生命的終身契約，我們就是活在改變中。改變是宇宙的法則，萬事萬物、每分每秒都在改變，以為一切不變，才是生命最大的幻象。

變化無所不在，如果仔細觀察一下大自然，就可以知道。春天，嫩芽從泥土中冒出；夏天，綠葉開花又結果；秋天，樹葉變黃開始飄落；冬天，被覆蓋的種子，準備在春天破土而出……這就是四季的變化。

身體白天吸收養分、晚上排毒修復，每一秒有兩百萬的細胞死去，又有兩百萬的細胞再生，七年後我們就有一個全新的身體——這就是身體的變化。

從小到大，我們也經歷許多的改變：離開父母，到外面求學、或自組家庭；從舊工作換到新工作；與某人結束關係、又走入另一段新的關係；搬離舊家換新家……這就是人生的變化。

凡是物質，就有能量，能量就是運動，運動也就是變化。很多人以為石頭是不動的，事實上，石頭的外表看來不動，但是，內部有肉眼看不見的原子、質子、中子和次原子在跑動，是石頭裡面的動，支持著外面的如如不動，而讓石頭得以存在——這就是能量的變化。

只在乎失去，阻礙了改變的意願

為什麼許多人明明知道要改變，卻又恐懼改變呢？從熟悉的一端，要跨越未知的另一端，對頭腦來講是一件很困難的事，而且頭腦裡總是充滿恐懼，還有很多的假想：

- 如果下一個人，沒有比之前那個人更好，怎麼辦？
- 如果都沒有人來愛我，怎麼辦？
- 如果換下一個工作，收入不穩定，怎麼辦？
- 如果新房子沒有舊家好，怎麼辦？

那些充滿恐懼、憂慮的想像，不僅令人不舒服，也形成抗拒的負面力量。這些想像讓我們無法相信改變會更好，於是寧可讓自己受傷、失望，苟延殘喘地活著，而不願意走出來。

人們不願改變還有一個很重要的原因，那就是**許多人在乎的是失去，而不是得到**。想要知道這一點，你只要做一個實驗，如果小孩手上拿著一個氣球，你將這個氣球拿走，他就會嚎啕大哭，即使拿新的氣球來換，小孩也不會因為得到新的而高興，而是為失去舊的而難過。

大人的世界往往也是如此，失去一個很糟的朋友，跟錯失了一個認識好朋友的機會，相較之下，人們更在乎的是失去的那一個。

我的朋友瑪莉，是個中年未婚的上班族，兩年前認識了一位男朋友，言談中，她抱怨男友好吃懶做、不懂得體貼，也不會幫忙做家事，每天只會守在她家裡，挺著啤酒肚看電視，像米蟲一樣吃她的、用她的，她越說越委屈，眼淚簌簌直下……

我問她：「既然這個男人不能給你幸福，為什麼不離開他？」

瑪莉瞪大雙眼驚訝地說：「怎麼可能？要是他真的離開了，我以後怎麼辦？我可不要一個人，孤孤單單地過日子！」

我望著眼前這個不想改變又不快樂的女人，不知道說什麼才好。但是，我很確定，倘若她再不改變，還是會在原地打轉，走不出來。果然，幾個月後瑪莉又來找我，故事一再重演，問題依然沒有改變，她還是一把鼻涕一把眼淚地在我面前抱怨她的命運，述說著男友的不是。

我想起愛因斯坦說的那句名言：**人們最瘋狂的事，就是重複做相同的事，還期待出現不同的結果**。

放手信任生命，契機才會進來

許多人害怕改變，但是，改變是為了迎接新的事物。宇宙會給你想要的，然而在想要得到以前，都必須先騰出空間。想像有人要給你禮物，你的雙手不是空的，又如何去接收新禮物？想買新衣服，櫥櫃裡卻塞滿舊衣，如何讓新衣服擺進來？

生活就像給宇宙下訂單，如果今天要買一件東西，一定要先把訂單寄出去，不放開手就無法寄出，也無法得到我們所要的。放手是對生命信任的表現，下完訂單，東西很快就到來。

人們不願意改變，是因為害怕冒險，然而，生命就是不斷地冒險。就像停泊在港口的船隻可確保安全，但是，那不是造船的目的；同樣地，不冒險的人生，無法體驗生命，那也不是生命的意義。

真正的生命，是始於走出舒適區，讓不可預知的未來帶來驚喜；真正的勇氣，是勇敢活在改變中，讓改變帶來新的契機。

回來說說我的朋友瑪莉，不斷重複抱怨許久之後，有天她終於覺得很累，決心離開男友，展開新的生活。現在她找到一份新的工作，做得非常開心，同時也吸引來更多適合的好朋友。她告訴我，很感謝自己當時有勇氣走出來，改變讓她得以有機會，過自己想要的人生。

紓壓靜心練習　走向靜默，與己連結

想像你在池塘旁邊，拿一根棒子用力地攪動池塘的水，池裡的泥沙與水變得混濁，你什麼都看不見，而唯有讓池塘的水靜下來，你才能透過清澈的水，看到池塘底部的石頭。

頭腦也是如此，太多的念頭就是自己的帷幕，唯有放下外面紛擾的世界，才能進入內在的寧靜，想要找到內在的自己，第一步就是靜默。

當我們靜默，才能聆聽內在的聲音。最簡單的練習方法就是，找一個安靜的角落坐下，讓心慢慢靜下來，先將注意力專注在呼吸上，但是，一呼一吸仍然要保持順暢自然，你不需特別去改變呼吸的速度或節奏，是生命在呼吸，而不是你在呼吸，你只是察覺它。

剛開始，當你靜下來，可以察覺到頭腦喋喋不休的聲音。有許多紛亂的念頭跑出來，怎麼辦？很多人會想到不要讓它出現。這是不正確的！最好的方法是，讓來去的念頭像白雲一樣的經過，不要抓住它，只是觀察它。

初始的階段，你會發現自己有許多的雜念，不容易靜下來，但是，經常練習就能進入內在的寧靜，當你靜默下來，沒有頭腦的干擾，才能與內在連結。

第四章

健康的祕密

傾聽疾病的訊息

疾病不僅帶來肉體疼痛、精神折磨，也讓人感到恐懼無助，甚至對生命感到質疑。許多人得到重症時，常會不甘心地說：「為什麼是我？」難道疾病是一種懲罰嗎？我們要如何抵抗疾病？

疾病是意識問題的顯現

許多人把疾病當敵人，想要抵抗它，但是，宇宙法則告訴我們，越抗拒的東西越擴大，抵抗無法得到健康，想要得到療癒、恢復健康，第一步就是對疾病說「是」，先接受它。

當我們願意接受疾病，就知道它不是敵人也不是懲罰，而是信使，為我們帶來訊息。疾病是來告訴我們：沒有走對路！必須開始審視自己、調整新的方向，得做一些改變，才能讓自己再度健康起來。

疾病只是結果，每一個疾病背後都是有原因，我們必須去認識疾病，開始學習解讀疾病的信息，若是逃避、不去理會，疾病就會成為老師，透過命運來教導我們功課。

常常聽到有人說「我」生病了。這個「我」很多人會認為是身體，但是，這是不正確的。生病不在於身體，而是意識，身體是完美、不會生病的，身體只是意識的一面鏡子，反映出意識的問題。

講到這邊，很多人可能還不了解，為什麼？

因為身體無法單獨存在，但是意識可以，凡是看過死人都知道這一點，身體如果沒有意識就無法運作，也沒有了功能，所以說生病，其實是意識失序，而不是身體本身的問題。

一個活人需要兩樣元素才能存活，那就是意識與生命。我們常常誤解為是身體在生病，其實身體是不會生病的。疾病就像車子故障了，儀表板就會亮起紅燈，這時你知道，不是儀表板出現問題，而是車子出現問題，車子只是透過儀表板，將問題顯現出來而已。

疾病也是如此，如果內部出現問題，疾病就會透過身體來告訴我們：注意這裡！來看看這裡出了什麼問題？身體只是意識的一面鏡子，疾病要我們去看到內在不和諧的地方，當我們知道問題所在，就能修復它、重返健康。

請好好地傾聽疾病要告訴我們什麼：

- 你愛自己了嗎？
- 太在乎別人對你的看法？
- 老是活在別人的期待下？
- 勉強自己做不喜歡的事？
- 不斷地批評自己、攻擊自己？
- 將委屈往肚裡吞，壓抑情緒？
- 戴著面具，扮演你不想要的角色？
- 無法做真正的自己？

疾病只是一條道路，讓我們藉由它回到完整，也就是完全地做自己。疾病是內在的吶喊，這個吶喊告訴我們：要與內在和諧一致，成為真正的自己。

開始去聆聽疾病訊息吧！當我們懂得聆聽，就知道它不是敵人，而是來幫助自己的。而當我們對疾病有所認識，也會明白它也是一個禮物，為人們帶來契機，讓不和諧的內在，轉化為和諧。

學會聆聽五個階段的警訊

接下來再讓我們來看看疾病的警告訊息。

疾病其實很仁慈，如果有什麼是我們沒做對的，就會像郵差一樣來敲門，傳達某種訊息。只要接受這個訊息，好好傾聽，就可以避免嚴重的疾病找上門來。

疾病的產生其實都有階段性的，也就是警告訊息，我把它分為五個部分：

第一，當人們的內在出現問題，意識會透過許多方式與我們交談，它最常出現在不舒服的想法或夢境中。它的語言很輕柔微細，要仔細地傾聽，剛開始它會以不太嚴重的干擾，顯現在身體裡，讓我們感覺到它的存在。

第二，如果這時候不傾聽，就會以急性疾病、受傷或小意外來抗議。這個階段的疾病是來告訴我們，要改變某些事情。

第三，假使再不理不睬，就會形成慢性疾病或發炎症狀。這個時候的疾病，其實是想要給予長期的警告，透過疾病來喊話，引起當事人全面的注意。

第四，如果長期不理會警告，那麼就會有更嚴重的身體損害，如罹患癌症、動手術、器官切除。

第五，以上這些警告訊息，如果還無法引起注意，最後的警告就是死亡。這個時候，疾病也不會再要求什麼了，而是直接引導到死亡。死亡，就是放下現今的一切，讓問題在下一世重複，有了新視野之後，再來改變。

心理與疾病的關係

根據專家的研究，百分之九十的疾病跟心理因素有關，疾病是結果，心理因素是原因。每一個症狀背後都隱藏著信息，告訴我們內在缺乏什麼？需要什麼？可改變什麼？如何才能與內在的自己一致。當我們好好解讀疾病的訊息，開始經由察覺、了解、轉化，就是邁向療癒的道路。

以下是幾個常見疾病與心理因素的影響：

肥胖

內在空虛，渴望愛，錯誤的自我認知——認為自己是弱者。

嗜酒

尋找自己，有特別的事還沒準備好，超過自己的負荷，生活上還有未解決的問題。

過敏

特別敏感，具攻擊性，防衛，壓抑，對生活恐懼。

恐懼

受限的想法，缺乏運動，固執，常常有關節方面的疾病及問題。

氣喘

渴望得到自由，被壓抑的情緒，被壓抑的自主權。

脹氣

遇到難以接受的事件、事實，因而產生抗拒，形成內在衝突，需要看見並且處理內在衝突，走出情緒漩渦，找回內在的平靜。

憂慮

內在的壓力，沒有做自己，無法讓感覺流動，沒有真正的活著。

糖尿病

無法將愛表達出來，無法去愛，失望，感受不到自我價值，需要依賴別人。

腸胃問題

害怕將自己的想法說出來，害怕衝突、爭執、缺乏執行力，缺乏協調的能力，缺乏彈性。

癌症

無法排除自己的困難，於是退回來與外面隔絕，無法釋放負面情緒。

感冒

注意力都不在自己身上，不讓情緒流動，讓別人影響自己、干涉自己。

椎間盤突出

過於敏感，過多的恐懼、過於負責、產生內在壓力，缺乏自我認同。

胃酸過多

抗拒，恐懼，潛藏攻擊性，對不喜歡的事情必須妥協，缺乏勇氣。

上癮

對自我認識不足，需要尋找真正的自我。

喉嚨

無法表達自己、無法為自己出聲、缺乏做自己的勇氣、拒絕改變。

學會為自己發聲

那一天，瑪麗亞來找我，她雙眼浮腫、身體緊繃、看來非常疲憊。她說最近心情不好，一個月前開始感到喉嚨卡卡，很難入睡，常常想要清喉嚨，有時候要咳又咳不出來，極不舒服。她一度以為自己喉嚨長腫瘤，於是到處看醫生做檢查，都找不出原因。醫生說：有可能是心理因素造成的，要她放輕鬆，不要有過多的壓力。但是，喉嚨的問題仍然存在。

我問她一個多月前發生了什麼事嗎？她神情猶豫地看著我，講話欲言又止，好像有很多隱忍的事，無法說出來。

我想她應該是習慣壓抑心中感受，不敢表達自己的人，還有可能現在正遭遇生活的改變，這就是問題所在。我用柔和、關心的眼神看著她：「你是不是有什麼話想說，卻一直沒有說出口的？」

她沒有想到我會這麼問，愣了一下，眼眶突然泛紅，眼淚不自禁地流了下來，勉強吐出幾個字……她講不太出來，我也不勉強她，願意給她時間。之後見了幾次面，隨著時間的累積與對我的信任，才終於將她所受的委屈講出來。

一個月前，她正要準備退休，好好享受人生時，先生突然表明，想一個人搬到外面住。這個突然的消息，令她感到非常錯愕！近四十年的時間，她不是在家裡照顧孩子，就是在自家經營的商店上班，她極少出門，結交的朋友也不多，加上現在孩子都大了，各有各的家庭，一向依賴先生的她，不曉得要如何面對這個變化？

說完，她又淚流滿面，像一個無助的孩子望著我。我說：「我可以了解，你這一生為家人付出很多，現在，你的孩子也各自獨立，不需要你擔心了。退休後，你有很多自己的時間，不妨將注意力放在自己身上，去做想做的事吧！」

我問她有什麼願望，是以前想做而沒有做的。她說學英文、開車、到國外旅行。「那為什麼不去做呢？」我鼓勵她，住家附近就有社大，不妨先去學英文。她點點頭，幾天後開始報名學英文。從那個時刻起，瑪麗亞學習將生活的重心，放在自己身上，給自己一個新的開始。

瑪麗亞說她學歷並不高，因為二十歲就結婚，婚後一直為家庭付出，為輔助先生的事業而忙碌。繼續學習，是她多年的心願，現在，她不僅能夠學英文，也在班上認識許多新朋友。

在學習之餘，她也開始上駕駛訓練班學開車，她說如果出遠門，自己能夠開車，還是比較方便的。這對於一般人，可能是一個小小的舉動，但是，對於一向膽小、依賴的她，是很大的突破。以前的她很少出門，甚至不會坐捷運，出門都是由先生開車帶著，現在的她有勇氣學開車，實在是不容易。

在這一段日子裡，瑪麗亞的孩子偶爾回來陪伴她。而我們也每週見面，陪伴她、鼓勵她、表達支持與關心。瑪麗亞結識了幾位知心好友，一起喝咖啡、聽音樂會、演講、出國旅行，有時她會從歐洲各地寄照片給我，她說自己以前好像井底之蛙，沒有走出去，就不曉得世界是那麼大，那麼多采多姿。照片中，她展開笑顏，跟以前那個一開口就流淚的瑪麗亞，真是判若兩人。

漸漸地她似乎忘記喉嚨的不舒服。有一天，她很訝異地說，喉嚨的問題居然消失不見了。她還說現在過得很好，以前都在過別人期待下的生活，現在終於可以過自己想要的生活了。

在這個案例中，你有什麼發現呢？在心理層面，喉嚨問題代表幾個原因：不能為自己出聲、表達自己、做自己。喉嚨是能量的集中區，也是一個改變的部位，特別是在遭受生活變動的時候，常常會引起喉嚨的問題。

瑪麗亞，從不接受生活上的變化，到完全接受，並走出依賴他人的生活，開始學習獨立。她以前總是將家人放在首位，只看見家人的需要，而忘了自己，現在終於也能看見自己，視自己為重要的。當她開始將注意力從先生轉移到自己身上，看到自己的興趣、願望、夢想、需求，而去實踐獲得滿足的時候，身體堵塞的能量就開始流動，喉嚨的問題也就自然地被釋放了。

罹癌，解了心中的結

林醫生從小就喜歡音樂，最記得初次聽到小提琴悠揚的樂聲時，內心的悸動，讓他久久無法忘懷。他要求父母讓他學小提琴，自己也很認真地學習，從小學到高中即使學業繁重，練琴也從不間斷。

他很慶幸不管是在高興或悲傷的時候，都有小提琴陪伴。小提琴對他而言，不再只是興趣，而是全部的生命，他走到哪裡就把小提琴帶到哪裡，只要有林醫師在的地方，身邊一定帶著一把小提琴。

唸高中時，基於對音樂的熱愛，他開始為自己的未來鋪路，這條路就是大學唸音樂系，畢業以後當小提琴家，不管從事教學或演奏，他都可以想像，那是多麼幸福的事。

當他興奮地把這個想法告訴父親時，不料，被父親狠狠地潑了一盆冷水。父親認為藝術沒有辦法當飯吃，行醫的父親希望孩子務實點，為了將來的幸福，去考醫學系，將來也能夠當醫生，繼承他的衣缽。

這個消息對一個愛好音樂的人，簡直是晴天霹靂，他為此好幾天不跟父親講話，以無言來對抗。但是，最終仍屈服在父親的強勢下，選擇醫學系。他以優越的成績考上醫學系，一路念書也非常順遂，畢業後當了醫生，完成父親的願望。

行醫後，他果然賺飽荷包，過著優渥的生活。但是，有一句話，他從來沒有對別人說過：他很不快樂，數十年過去，他依舊無法忘懷音樂。

一直到有一天，他做健檢，意外發現自己得了癌症。沒想到發生在病人身上的事，也發生在他身上。尤其自己是醫生，頓時束手無策。他想像，如果自己還有一年半載可以活，他要如何過自己的人生？

再三考慮之下，他決定請假，去做自己想要做的事。他到偏鄉去教小提琴，也組成一個小樂團，每天在樂團拉小提琴。那一段時光，對他而言是最美的，他的渴望、對音樂的思慕與熱情絲毫不減。

他跟一群愛好音樂的人在一起，不管是教學或演奏，都能讓他開懷大笑，他彷彿回到了童年，看見那個渴望音樂的孩子。而唯有在拉小提琴的時候，他的心才得以滿足，也唯有那個當下，才覺得是在做真正的自己。

幾個月後，他到醫院複檢，很訝異癌症指數平穩，他已經能跟癌症和平共處，之後他選擇在偏鄉執醫，一方面也繼續教學演奏，繼續他的音樂夢，而他的健康也獲得改善。

分享這些案例，並不是否定醫療，有疾病還是必須經過醫師的診斷與治療。但是，身心靈是合一的，醫生負責治療症狀、身體，卻無法顧及到你的內在情緒、心靈問題，這個部分是你自己可以為自己負責，去察覺、去看見的，如果可以看到內在的不和諧，失序的意識，進而解開心中的結，才能解決根本的問題。

看了疾病訊息的列表，我們會發現不管是什麼樣的心理因素，問題的源頭都來自於無法做自己。當我們聆聽靈魂的聲音，讓意識處於和諧的狀態，身體自然能保持健康。

練習清單　健康肯定句

- 我用愛聆聽身體的訊息。
- 我值得擁有良好的健康狀態。
- 現在我接受、也值得擁有完美的健康狀態。
- 生命愛我，並支持我，我是安全的。
- 我允許生命流經我。
- 我對自己的身體仁慈。我愛我自己。

撥開情緒的迷霧

情緒就像流水一樣，需要自然的流動，如果壓抑情緒，就會造成阻塞，停留在身體裡面不斷地累積，當情緒無法往外流通，就會往內攻擊身體，引發疾病。

如果仔細地體察情緒，就會發現情緒在告訴你：能量沒有流動，與真正的自己不一致。當我們沒有做真正的自己，情緒就會轉入身體，在身體中表達自己。

這一天，小莉告訴我，最近因為感情跟事業重挫，心裡受到極大的委屈。說著說著，她的眼眶紅了起來，但是，卻將淚水忍住，不讓它流下來。

我看了很不忍，便對她說：「難過是可以流淚的，不需要隱忍，讓情緒流動，身體才會保持健康。」

她看著我質疑地說：「我真的可以嗎？」我確定地點點頭。

長年以來，小莉習慣將情緒隱忍下來，不敢表達，因為父親是個軍人。印象中父親的生活非常嚴謹，也很少表達自己的感受，常常顯得悶悶不樂。雖然父親已不在人世，但是父親以前經常對她說：「人要打落牙齒和血吞！」「要堅強、不能哭！」受了這些話的影響，從小到大，不管她受到多大的委屈，都強忍住不敢哭。但是，當情緒來時，這樣忍耐實在好難受，有時候自己寧可脆弱不要堅強。

我告訴她：「情緒是來來去去的，當情緒來時，你可以不堅強。情緒要讓它流動，人會比較舒服。」

「我真的不想忍了，只想痛痛快快，好好哭一場。」才說完，小莉的眼淚如珍珠般滾滾流了下來。

在那一次適當的釋放情緒後，小莉像是雨後的花朵，被洗滌了一番，也如釋重負，輕鬆了許多。

情緒並不可怕，壓抑它才可怕

我們從小就被教導哭就是懦弱，弱者的表現。尤其是針對男性所說的「男兒有淚不輕彈」、「男兒當自強」等俗語。

這些標籤讓多少人壓抑情緒，累積了負面能量及疾病。於是，在這樣的認知下，許多人寧可把情緒藏起來，獨自承受，甚至還若無其事地告訴別人「我很好」。然而，隱忍情緒、逃避，對身體都是傷害，疾病就因此產生。

據美國專家研究，男人的平均壽命比女人少了七歲，其中的原因之一，是因為傳統社會對男人的期許有關，那就是要壓抑情緒，表現剛強及堅強。

有情緒並不可怕，可怕的是去壓抑它。所有的生物都有面臨情緒的時候，但是相對的，也有平衡體內能量、自然療癒的智慧。如果我們能夠放眼看看大自然，就能夠了解這一點。

一隻梅花鹿靜靜地在草原裡吃草，這時候突然看到了獵人靠近，牠感到生命受威脅，第一個反應就是逃跑，在奔跑了一陣子後，還會回頭看敵人有沒有追過來，最後確定沒有，才會停下來。

這時候牠自然抖動身體，透過身體釋放壓力，當身體排掉了負能量，也就回到了系統平衡的狀態，牠不會得憂鬱症，也沒有出現所謂的「創傷後壓力症候群」，梅花鹿又若無其事地出現在草原裡，回到平靜、自然的生活狀態。

人也是如此，我們的身體是有智慧的，它能夠排除系統裡失調的能量，只要允許身體釋放負面能量，身體就能回到平衡的狀態。反之，如果壓抑它，長久下來就會變成內傷、疾病與細胞病變。

負面情緒有哪些？凡是讓身體與心靈產生不適的感覺都是，例如憤怒、壓力、擔心、怨恨、愧疚感、匱乏感、恐懼等等。這些負面情緒都要透過正確的認知，適當的處理，排解它（有關負面情緒，後面章節會有更詳細的說明）。

情緒是內在小孩需要安撫的提醒

每一個情緒其實都跟自己有關，是為了引起你的關注而來，情緒要我們去看看內在小孩，傾聽它的想法以及感受，想跟我們表達什麼。開始打開內在的大門吧！靠近你的內在小孩、牽起他的手、擁抱他、以心交流、以愛溝通。

記得多年前的某天傍晚，我正走在冬夜飄雪的異國街頭，突然在街頭轉角處，看見一個小女孩正在跟媽媽鬧彆扭，她時而跺腳、時而吵鬧，這時候，媽媽停下腳步，不慍不火地告訴小女孩，有什麼事講出來。

小女孩邊講邊哭泣，媽媽則牽著她的手，聚精會神地傾聽。幾分鐘後，小女孩講完，心情也就自然平靜下來，用手背揮去眼淚。這時候，媽媽大大地擁抱她，在額頭上給了一個親吻，小女孩微笑了，兩人若無其事地牽著手繼續往前走，我目送她們消失在街道的盡頭，心裡十分感動。

我想，對待我們的內在小孩不也是如此嗎？好好對待他、傾聽他，情緒自然有離開的時候。

釋放憤怒

日常生活中很多大小事會引起我們的憤怒：老公不幫忙整理家務；老婆不關心自己，只會嘮叨；孩子們長大了各忙各的，很少回家探視父母；出門上班趕時間，又遇到塞車；店員不專業，服務態度欠佳……

但是，憤怒不僅對事情沒有幫助，甚至會引起身體不適的反應，心律不整、血壓升高、肌肉緊繃、失眠、疲勞、頭痛、偏頭痛等諸多症狀。

即使我們都知道憤怒對身體有害，對事情沒有幫助，但是，往往事情來了，就是忍不住要生氣發飆。到底要怎麼樣，才能釋放憤怒的情緒？

放下「你應該」的念頭，平息憤怒

現在，讓我們深入了解一下，憤怒真正的原因。

當憤怒升起，我們常常認為錯的是對方：「是你不對，讓我生氣。」事實上，**憤怒只跟一個人有關，那就是你自己**。對同樣一件事情，每一個人的反應不一樣，有人會有極大的情緒反應，有人可以淡然處之。而對事情兩極反應的關鍵，就在於想法。

憤怒是你的期待與事實不符合。當別人的所做所為，並未合乎你的期待，就會引起憤怒。舉幾個例子：我們期待伴侶要有同理心、多關心、多體諒自己。孩子要多關心父母、多一點時間陪伴在身邊。出門一切順利，不要耽誤行程。店員要有禮貌、客人能被重視和尊重……

這些都是你認為理所當然的，換句話說，就是三個字「你應該」，當我們認為別人「應該如何」的時候，就是期待。如果事情的呈現，不是你想像中的那個樣子，人就會因為失望，而產生難過或憤怒的情緒。

但在這個世界，沒有一個人或一件事，能夠百分之一百完全符合我們的期待，我們常常會因為事與願違而憤怒，**當我們願意放下期待、完全接受現況，就是平息憤怒的良方**。

情緒是訊息，事實只是一面鏡子

還有，為什麼說情緒都跟自己有關？最大的原因就是，對一件事情的想法，決定了你的情緒。

如果伴侶沒幫忙做家事，你的想法是「他根本就不在乎我，不再愛我、關心我了」。孩子忙於自己的家庭事業，父母自艾自憐地說：「我們老了、沒用了，所以沒人理會了。」出門就遇到塞車，把這件事解讀為「怎麼這麼倒楣，我今天可能運氣很差」。遇到不禮貌的店員，你的想法告訴你：「什麼態度，是瞧不起我嗎？」

事實上，是這些負面想法讓你不快樂，也是讓人感到憤怒的原因。

每一個情緒都是訊息，事實只是一面鏡子，它來告訴我內在的狀況如何。**當一個人對自己不滿意，對他人也會挑剔；當一個人無法接受自己，就會對他人批判**。

有一次我參加聚會，與幾位好友吃飯，其中一個朋友，帶著她的同學小蘭一起來，在餐後喝咖啡的時候，小蘭不小心手一滑，那杯咖啡就灑在我的新衣上，小蘭一直道歉：「對不起，一時恍神不小心，我會賠你一件新衣服。」

此時我的想法是「沒有關係，人總是會有失誤的時候，而且她也不是故意的」，於是，我沒有憤怒，用水將衣服清理一下，也告訴她：「真的沒事！不用賠什麼，每個人都有不注意的時候，我理解。」於是，整個事件很快就過去了。

如果這時候我浮現的想法是「她是不是不喜歡我？故意讓我難堪？」那麼事情又會有另外的發展了，不是嗎？

情緒跟內在想法有絕對的關係，當情緒來的時候，問自己：為何有這樣的反應？為何憤怒？我的感受以及想法是什麼？將「他讓我憤怒」，改成「我的想法讓我憤怒」，你將會有意想不到的發現。

釋放愧疚感

佩佩坐在我的面前，閉起眼睛想到過去，回憶點點滴滴，彷彿歷歷在目，她與我聊起最親愛的奶奶：

「奶奶是我一生最親的人，我對她的感情甚至超過父母。我是奶奶帶大的，我們彼此了解，也互相扶持，在一起生活了好幾年，當她老了生病的時候，我是最常陪伴在她身邊的人。

「我畢業後有了工作，搬到外面去住。奶奶老了，家人請外傭幫忙照顧，但是，我還是常常回去陪伴她。這樣過了一段時間，直到奶奶因為糖尿病截肢，我不忍心看她那麼痛苦，於是越來越少去看她。那時候我好像在逃避什麼，不敢去看她的原因是不忍心看到她受苦，越來越虛弱，走向死亡。

「有一次放假，我其實是有空去看奶奶的，我卻選擇留在公司宿舍。結果，奶奶就在那一天走了，我沒有來得及跟她說再見……這件事讓我很感到愧疚，也難過了很久，我不是個好孫女，我那時應該去看她的……」此時佩佩的眼中已噙滿淚水。

我看見了她的愧疚感：「我想你很愛奶奶，奶奶一定也很愛你。」佩佩點點頭。

「我們來換位思考一下，如果今天你是那個疼愛孫女的奶奶，會譴責、抱怨孫女說『都是你的錯、一切都該你負責』嗎？」

她搖搖頭：「絕對不會。」

「沒錯！我想你奶奶也不會。」我繼續說：「奶奶老了總有離開的時候，而你那時正年輕有自己的事業，無法常常回來看她，我想這些她都可以理解。而且你知道嗎？或許當年奶奶離世，你不在場，才是最好的安排。」

「怎麼說？」佩佩瞪大眼睛。

「奶奶太愛你，有可能當時你在場，她更難以放手而去，你不在場，她走得會比較容易。還有，讓你過不去的是愧疚感，如果你真的還有愧疚感，那麼就找個時間，在靜下心來的時候跟奶奶告白，也好好告別。表達你對她的愛，告訴她，你很愛她，也給予深深的祝福！」佩佩點點頭，閃著淚光理解地望著我。

對於整個事件，我覺得最好的療癒就是愛。讓當事人祝福他人、寬恕自己與自己和解，這些都是愛的表現，之後讓她向最愛的人好好告別，講出內心的感受，療癒就會自動發生。

很多人被卡住的問題，其實不是事件，而是情緒。在事件發生的時候，如果無法表達情緒，或苦於沒有機會說出來，就容易造成過不去的心情。如果給予機會表達，即使是在事後，都可以讓阻塞的能量釋放，情緒也就跟著釋放。

愧疚感有兩種

當然，還有一件很重要的事，要了解愧疚感是怎麼來的。人們的愧疚感有兩種，第一種是因為**負責任而產生的愧疚感**。如果你走進朋友家裡，不小心碰到陳列的花瓶，掉到地上撞破了，你會怎麼做？負責任的態度就是告訴對方，因為不小心而造成損失，跟朋友致歉，這是承擔起責任。

但是，如果你是對朋友說：「我怎麼這麼不小心，我經常笨手笨腳的，真的很不好意思！」這些自我譴責的話，對事情、對他人一點幫助都沒有。但是有愧疚感的人就是如此，當一件事情發生，會不斷地譴責自己，拿這件事情跟自己過不去。

對於這件事正確的解決方式是就事論事，看要怎麼解決比較好，例如你可以用真誠的態度跟對方致歉：「我該如何賠償你較好？是否買一個新的花瓶，還是付現金給你，你再去買一個新的？還是你有其他的建議？」

等到完成協議，事情解決之後，你知道這也是一種經驗，告訴自己下一次走路多注意點，而不需要以自責來攻擊自己、讓自己有愧疚感，這才是真正負責任的態度。

第二種是**自虐型的愧疚感**，這是讓自己承擔不需要的痛苦，對別人也沒有幫助的愧疚感。

上述案例中的佩佩，就是自虐型的愧疚感。不需要自己承擔的責任與痛苦，卻把它承攬下來，不斷責怪「都是自己的錯」！這樣的愧疚感對自己、別人一點幫助都沒有。這種單方面的錯誤認知，只會造成自己的痛苦與無力感，徒增困擾而已。所以說，自虐型的愧疚感與他人無關，而是與自我和解有關。

無意識中的自我懲罰

愧疚感到底是怎麼來的呢？

愧疚感最常發生在道德標準過高的人身上。最早的愧疚感可以追溯到幼年時期，而讓我們有愧疚感的，往往是身邊最愛的人。許多人都有類似經驗，有些父母對小孩的教養總是充滿批判：「你怎麼會忘記這件事，沒頭沒腦。」「真是笨手笨腳，連這點小事都做不好。」「要不是因為你，我就用不著這麼辛苦。」

回顧過往、自我觀察，在每一天的生活中，我們有多少次是在大人的責備中度過？當父母過於嚴厲，並給予批判、極重的處罰，小孩的內在也會塑造出嚴厲的標準，時時刻刻審查自己、批判自己。在這樣的清況下，我們很容易會因堅持自己的想法，違背父母的意願而自責；因為自己的表現不夠好，讓父母失望、生氣，而過意不去，認為自己給家庭帶來負擔而內疚。

我們以為問題與衝突的根源就是自己，所以引發了別人的痛苦，其實**這是自我道德標準過高，引發愧疚感，導致內在恐懼，而產生的自我攻擊**。這樣的孩子長大後，不管是面對父母、伴侶、親子、職場關係的問題，總是把責任往自己身上攬，在無意識中自我懲罰，將原因歸咎於都是自己不好、都是我的錯、一無是處、我是個失敗者。

愧疚感其實純粹是負面想法所引發的負面情緒，而造成痛苦的感受。特別是過往的經驗，讓自己有了錯誤認知，當我們了解事情的真相，就應該釋放內在的愧疚感。

那麼，該如何釋放愧疚感呢？

如果你對某人某事感到愧疚，可以找個機會向對方表達抱歉，並找到解決方法。如果是自虐型的愧疚感，或是無法當面向對方表達歉意的狀況時，可以在靜心冥想時，於內心向對方說出自己的感受，並告訴自己，以當時的認知，你無法做到最好，但是已經盡力了。用愛輕輕地放下過去，不要譴責、批判自己，你就能解開愧疚感的束縛，放下內心的那一塊大石頭。

設立界線，說不的勇氣

真誠地說「不」，比討好或怕事地說「好」，還要來得更有力。

——印度國父　甘地

小雅是大二美術系的學生，正值學期末最忙碌的時候，學科考試需要時間準備，術科報告也還沒有寫完，還有校外的舞蹈課即將要公開表演，每天要抽出時間練習，她實在忙到不可開交。

就在最忙碌的時候，班上跟她最要好的同學小瑛，正好遇到感情上的困擾，希望找小雅傾訴。小雅雖然沒有什麼時間，但是又不忍心拒絕，於是答應她晚上來宿舍寢室聊聊。

第一次小瑛來訪，兩人聊了一個小時候，小瑛情緒得到抒發，心情開朗許多，感謝地離開。小雅雖然一整天下來感到很疲累，但是，為了顧及小瑛的情緒，她不敢表現出來，也不敢說。

隔了兩天，小瑛再次要求見面，這次小雅雖然想拒絕，又不好意思，還是硬著頭皮答應她的請求。小瑛一來就止不住話匣子，一講就是兩個小時，直到晚上十點才離去，小雅那一晚功課還沒做完，必須熬夜唸書寫報告，一直到三更半夜才能睡覺，結果因為睡眠不足，隔天上課精神不濟，也影響了自己的學習狀態。

好不容易等到週末來臨，小瑛心情不好，又希望小雅能陪伴她，小雅這次真的不想再花時間在她身上，而想好好休息，做自己的事，但是，另一方面又覺得不能拋下小瑛不管，不知該如何是好？

我問小雅，為何不對小瑛說「不」？小雅說：「我不好意思，說不出口。」

現實生活中，很多人都像案例中的小雅一樣，不想為難自己，又無法拒絕別人，於是陷於兩難的狀態，最後往往因為無法說不，而委屈自己屈就別人。

只會忽略自己的人，無法得到別人的尊重

你是否有過以下的經驗？走進一家商店，原本只是隨意逛逛，不想買東

西，卻無法拒絕銷售員熱情的推銷，於是花錢買了自己不需要的東西。隨著旅行團出國回來，告訴自己不要在機場替別人帶行李，最後還是禁不住團員的請求，點頭答應了。週末假期你要忙很多公事、私事，親戚表明想來你家住上兩天，你想說不，卻又無法拒絕。有時候，自己很累了，想好好休息，卻還要當別人的情緒垃圾桶。又或者是，好不容易等到下班了，想回家做自己的事，卻無法推卻同事吃飯的邀約。

我想很多人都有過這樣的困擾，這些問題都來自於不敢拒絕別人、不敢說「不」。

無法說「不」的人，其實活得很辛苦，他們都懂得尊重別人，卻忘了尊重自己；只會顧慮到別人，卻對自己的需求退讓。但是，當我們委屈自己，去滿足別人時，就會一直去做自己不想做的事，而錯過想做的事，最後一定會讓情緒不斷的累積，如此一來，不僅會影響自己，也會影響到他人。

無法說「不」的原因是源自於我們害怕被拒絕，希望得到別人的愛和認同。但**真相是當我們說「是」，別人不見得會喜歡我們；說「不」，別人也不會因此討厭我們**。如果對方喜歡我們，只是因為能為他做某些事，那麼，長久下來，自己會付出很大的代價。

每一個人都有說「不」的權利，將自己的願望說出來，並不是自私的表現。所謂自私，是為自己的利益著想，甚至不惜傷害別人，然而，一個無法表達自己需求、只會忽略自己的人，是無法得到別人的尊重。

對自己說「是」，是一種自我信任。當我們誠實地對待自己、看重自己的需求，並能勇於表達，適當地設立界線，別人才能看重你。如此大家相處才會自在輕鬆，也因此而得到自由。

三種說「不」的技巧

在人際互動密切的現代，每個人都要學會說「不」的技巧，只要方法恰當，「不」並不會令讓對方感到難堪或不愉快，反而能讓自己全身而退。如何拒絕有一些方法，我簡單地分為三類：

1.面朝對方，語調柔和，簡潔明確地拒絕。例如：「抱歉，我現在不需要，等需要再來買。」「我真的很期待和你吃飯，可是這幾天沒空，等我有空時我們再約。」

2.不要馬上回應，給自己思考的時間。例如：「請讓我考慮一下再回覆你。」「你的建議聽起來很好，不過我還要考慮看看。」

3.尋找替代方案或解決辦法，例如：「這個部分我沒辦法幫你，但如果改成……，我就可以幫上忙。」

基本上，如果是比較無關緊要的事，比如見面，只要說今天不方便就好；如果是希望繼續保持關係，那就先道歉或感謝，也必須說出今天無法出席的具體理由，例如：「真的很抱歉，下次有空，我會很樂意幫你。」

恐懼無法阻止你做對的事

有篇文章讓我印象深刻，有人問農夫：「你種麥子了嗎？」農夫說：「還沒，我害怕老天不下雨。」那個人又問：「那你種棉花了沒有？」農夫說：「沒有，我害怕蟲子吃了棉花。」那個人再問：「那你種了什麼？」農夫說：「我什麼都沒種，我要確保安全。」

這幾句短短的對話，讓人覺得匪夷所思，又覺得好笑。但當我們笑這個農夫膽小的時候，其實反過來看自己，每一個人都有內在的恐懼，而且多到無所不包、無所不怕的地步，比如：怕昆蟲、怕黑、怕被拋棄、怕陌生人、怕搭電梯、怕搭飛機、怕上台、怕失敗、怕生老病死，甚至怕成功。

你一定好奇，成功了也會恐懼嗎？是的！成功後怕無法突破、無法更好……等，許多人更怕成功後的失敗。

不管年代隔了多麼久遠，如今世界多麼進步發達，人類還保有爬蟲類的頭腦——也就是在遠古時期，如果在叢林中遇到了動物攻擊，人體會因為恐懼分泌腎上腺，讓我們可以戰或逃。恐懼其實就是人在面對現實，或想像中的危險時，所產生的情緒反應。

而且，相較於現實的危險，大多數的恐懼來自於想像。許多恐懼源自過去的經驗，頭腦常常把我們帶離現實，進入幻象。我們都知道，恐懼對事情完全沒有幫助，將注意力放在恐懼上，就越會吸引恐懼前來。

心理學家帕特森曾說，其實我們所恐懼的事，百分之五十是日常小事，百分之二十是杞人憂天，百分之十二事實上並不存在，剩下的百分之十八，則是既成的事，再擔心也沒有用。

恐懼發生的機率是很低的。如果回頭去看看過去的經驗，會發現事情並沒有想像的那麼嚴重，而且往往比想像中來得仁慈。

恐懼時，你需要拉開距離去觀察小劇場

有一個女孩滿臉苦惱憂愁地說：「我沒有錢、沒有工作、沒有朋友。」

我請她一起仔細看看，這些話的真實性。「『我沒有錢』這是真的嗎？現在你餐風露宿嗎？」她說沒有。

「你沒有錢買東西吃嗎？」她說都有得吃，有時還有錢喝下午茶。

「所以，再想想看『沒有錢』是真的嗎？」她說父母有給她錢，但是，她目前沒有工作。

「我知道你目前沒有工作，存款比較少，但你並非完全沒有錢。何況今天沒有工作，並不代表以後就沒有工作，當你找到工作，有了收入，就會有更多的錢。」

我請她再仔細想想「沒有朋友是真的嗎？」還沒等她回答，我又問她：「我是你的朋友嗎？」她說是。

她思索了一下說，其實還有兩個好朋友，對她挺關心的。但是，最近也有幾個朋友都不理她。

「朋友來來去去，可能有朋友會離開你，但是，真正的朋友絕對不會，有可能對方太忙，或者感受到你負面情緒帶來的低頻能量，而想保持距離，但是，如果是真朋友，過一陣子一定會與你連絡的。」

她想一想也有道理，點點頭問：「你是要告訴我，自己想太多了嗎？」

「我只是要告訴你，我在你身上看見契機，你卻看見絕境，難怪找不到內在的力量。想像與事實畢竟是有差距的，你現在不斷挖坑讓自己往裡跳，在裡面受苦，但事實上，你也可以填土，讓自己從坑洞裡走出來，不是嗎？」

「仔細想想，狀況真的好像也沒那麼糟耶！」

「是啊！頭腦最善於編寫劇本，拉開距離去觀察那些小劇場，你會發現很多都是來自於自己的詮釋。」

恐懼的拉丁文叫angustus，翻譯成中文是狹窄、受限的意思。也就是說恐懼來自受限的想法，所以要擴展的是自己的意識。當恐懼來的時候，問一問自己：你恐懼什麼？這個恐懼是真的，還是來自你的想像？真的會發生嗎？如果真的發生，事情最壞的結果是什麼？

如果要擔心，就去擔心真正會發生的事，並去處理它，不然，就釋放想像中的恐懼，如此，我們才能安心自在的過日子。

從愛出發，就能勝過恐懼

關於恐懼，有一件事也值得注意，那就是對你所做的事，是出於愛或恐懼的情緒？有一個女學生告訴我，剛開學的時候，每個人要三分鐘的自我介紹，她為此感到很害怕。我問她怕什麼？她說不知道，想到要站到台上就很緊張。

我告訴她：「如果害怕出糗，在乎別人對你的看法、評論，恐懼一定會跟著來；如果你做這件事，是為了與大家有更好的互動、連結、願意與大家分享你的故事，自然就會放輕鬆。」

記得我在求學時，認識一名德國鋼琴家，那年她十八歲，年紀輕輕就走訪世界各國，到處開鋼琴演奏會。有一天，我好奇地問她，上台會不會恐懼？

她思索了一下說：「上台從來沒有想過恐懼這個問題，恐懼是你越去想它，越有可能發生，我只是在舞台上專心演出，盡力表現。」我覺得，她講得很有道理。

我的教授，曾經獲得俄國鋼琴大賽優勝，是世界知名的音樂家，每一年都在世界各地巡迴演出，舞台經驗非常的豐富。我也曾經詢問教授上台會恐懼嗎？教授誠實地說：「會啊！每一場演出都會。」

這個回答讓我很訝異，心想享譽國際的演奏家，也會恐懼上台？教授似乎看出了我的疑惑，接著說：「我恐懼上台，可是，我並沒有逃離它，我每一次的演出，都帶著恐懼上台。」那時候年輕的我，似懂非懂，而今我真的懂了。

教授開音樂會，需要面對觀眾、樂評家、記者的評語，所以也會有壓力而恐懼，但是當他上台演出，專注投入在音樂時，只有一個念頭，那就是與大家分享美好的音樂。分享就是愛，當意念是出於愛時，恐懼則不存在，而你將發現，當愛來臨時，是可以勝過內在恐懼的。

我很喜歡翁山蘇姬那一句話：「恐懼無法阻止你做對的事。」真正的勇氣，不是沒有恐懼，而是願意帶著它前行。有一天你會發現，勇氣已勝過了恐懼。

寬恕，放過別人與自己

寬恕就是讓一個囚犯自由，同時發現那個囚犯就是你。

——佚名

有位老師要教學生一堂關於寬恕的課，於是吩咐班上的同學，下次每個人記得帶一個大袋子。第二天，老師在課堂上說：「我這裡有一大袋馬鈴薯，你們將最不想原諒的人的名字刻在上面，放到自己的袋子裡，還要時時刻刻地背著，這就是你們這一週的家庭作業。」

學生高興地歡呼起來，覺得這週的作業很有趣，他們不願意原諒的事情可多了，比如同學取笑自己無用、被罵很笨、跟老師打小報告、不願借筆記等等，於是，他們拚命將馬鈴薯往袋子塞，並且發誓天天要背著馬鈴薯，不願意原諒傷害過自己的人。

但是，過了幾天學生便開始抱怨起來，這些馬鈴薯好沉重，不管走到哪裡都要背著它們，變成了極大的負擔，於是漸漸地感到厭煩，希望趕快度過這一週！

一週終於過去了，老師問學生：「你們想扔掉這些沉重的擔子嗎？」學生迫不及待地說：「想！」「好，那你們現在就把它們扔掉。」於是，學生歡呼了起來，紛紛將馬鈴薯扔掉，感覺如此地輕鬆。

「這件事帶給你們什麼啟發？」老師看著學生接著說：「我要你們了解，唯有原諒傷害自己的人，才能夠釋放身上的負擔。」

別讓自己成為受害者

寬恕的希臘語原意是「放過」。許多人認為是放過他人，但是，我想更深一層的意思是放過自己。

想要過自在的日子，最好的辦法就是寬恕。有些人以為寬恕，就是認同對方的行為、縱容或懦弱的表現，於是遲遲不肯放手，但是，如此一來，傷得最深的其實還是自己。

許多疾病都來自無法寬恕，將憤怒、仇恨的情緒放在心裡，不僅無法解決問題，更損壞自己的健康。

真正的寬恕是與自己和解，放過被囚禁的自己。當我們無法寬恕他人，憤怒、悲傷、怨恨的情緒會攻擊自己的身體，而產生各種疾病，例如：高血壓、心臟疾病、壓力、憂鬱症……等等。

無法寬恕別人的原因常常是，雙方都堅持你錯我對，於是把自己視為受害者。但是，很多事情無法一概而論，每個人有不同的處境、看事情的角度不一樣，有些事難以用對錯來論斷。

如果對方真的錯了，那麼就讓問題還給對方，不再責怪別人，不讓自己成為受害者，釋放肩上的重擔，解開內在的枷鎖。

當你認為對方做了一件對不起你的事，你可以選擇放過他，也放過自己，但是，人們往往念念不忘，甚至用了十幾年時間來懲罰自己。不要把注意力放在別人如何對待我們，才能讓生活回復正常，過自己想要過的日子。

如果能以同理心對待，就能夠感受到，別人其實也活在煎熬痛苦中，都需要被原諒。想通了，也就能明白誰能無過錯？沒有人是完美的，如果可以寬恕別人，有一天別人也會寬恕我們的過失。

緊緊抓住過去的創傷與不公平，會讓自己囚禁在痛苦裡面。透過寬恕，才能讓自己走出受害者的角色。當我們決定不讓自己跟過去痛苦的事件綁在一起，就是與自己和解，重返自由。

造一座通往自由的橋

寬恕是為了給彼此一個機會，走向通往自由之路的門檻。只要內心願意、準備好了，接下來，我們不用擔心如何去寬恕，宇宙與時間自然會教導我們。

與大家分享一個我很喜歡的故事。從前，有一對父子，他們在廣闊的山林，各有一棟自己的房子，兩人以種植、畜牧為生，每天一起工作合作無間，過著幸福愉快的日子。

但是，有一次兩人因為誤會而爆發了激烈的爭論，從那時候起，誰也不理誰，也不再一起工作了。

有一天，來了一位工人，敲兒子的門問：「請問，我正在找工作，有沒有維修的工作，是我可以做的？」

兒子考慮了一下說：「在小河的另一邊，是我父親的房子。前幾天我們爭吵，他讓我很受傷，我想向他證明，沒有他我照樣可以活下去。這樣吧！我房子後面有個廢墟，裡面有一些石頭，你用這些石頭，在我家門前蓋一道兩米高的牆，有了牆，我就不會再看到父親了。」

工人回答：「我明白了。」於是兒子出去旅行，一個星期後回到家，工人也完成了他的工作，但是，兒子萬萬沒想到，工人並沒有築牆，而是造了一座橋。

兒子正在納悶的時候，父親剛好從他家裡出來，經過這座橋，來到兒子身邊，擁抱著他說：「我為你感到驕傲！發生口角之後，我還以為你在生我的氣，沒想到，你居然為我們造了這一座橋，我為之前的事跟你道歉！」這時候兒子也跟父親道歉。

工人微笑著，看到父子兩人和解的同時，背著行李正準備離開。兒子見狀，希望挽留工人：「你為我做這麼多，請留下來，與我一起住吧！」

工人回答：「我很想留下來，和你在一起，但是，還有很多人需要我，我還要到其他地方造橋呢！」

練習清單 學習寬恕

請找出有誰需要你諒解的？找出後，請全然地寬恕他。只要閉上眼睛，想像需要寬恕的那個人就在你的面前，告訴他：「我願意寬恕你，雖然過去你對不起我，但我決心寬恕你，不再記恨，不被怨恨所困，我願意釋放過去、釋放你，讓彼此都能獲得自由。一旦寬恕了你，我也看到了自己的愛以及尊重。」

想要知道自己是不是真正的寬恕，判斷方式不是談起這件事沒有情緒，而是完全忘記，不再提起。

練習清單　放鬆靜心

在心中默念：此時，我是平靜和諧的。我的呼吸自然而順暢，現在感受到如此的寧靜，我就處在寧靜的中心點，宇宙守護著我，讓更高的力量帶領我，在這樣的覺知下，讓自己完全的靜下來。

這是一個新的當下，我允許自己放下，對自己的人生負責，我是自由的，別人以當時的了解和認知，已經盡力了，我將自己從監牢裡釋放出來，此刻的我，安全又自由，也感受到寬恕和放下，讓我更有力量。

我感到越來越放鬆，釋放內在的恐懼，知道一切都是最好的安排。我的內在和諧，可以吸引美好的事物來到身邊，我被宇宙保護著，沒有什麼可以破壞這種寧靜以及和諧，我信任自己，也信任宇宙更高的力量，用愛代替恐懼，讓生命感受到更多自然的流動。

第五章

親密關係

如何才能找到理想伴侶？

很多人都想找到理想伴侶，但是，理想伴侶彷彿遠在天邊、遙不可及。

有位男子已步入中年，卻遲遲未婚，有一次他巧遇多年不見的好友，兩人閒談之下，好友好奇地問他：「你怎麼還不結婚？」

男子說：「我很想結婚，但是，都找不到理想中的人。五年前我曾遇到一位夢寐以求的女子，我想，她就是我的理想伴侶。」

「那麼，你為何不追求她？」

男子嘆了一口氣，「因為對方說，她也還在尋找她的理想伴侶。」

為什麼現實的世界裡，有許多人像故事中的主角一樣，找不到理想伴侶？答案是**理想伴侶不是用找的，而是吸引來的**。

有個故事說，一位容光煥發、充滿活力的總統夫人出門去買花，花店老闆對她說：「你真是幸運極了，嫁給了總統！」

她微笑地回答他：「如果我嫁給你，你也會是總統。」

多麼有自信！不是我跟誰在一起，誰來給我幸福，而是，我不論跟誰在一起，我都能讓自己幸福！更確切地說，幸福不是要別人來給，而是要自己先給自己，如此，才能吸引幸福的人來到身邊。

你吸引不了自己沒有的

大部分的人不能夢想成真，是因為他的願望源自匱乏感。匱乏就是：我沒有，卻希望擁有。也就是說，當自己不是理想的伴侶，卻要找一個理想伴侶，是無法心想事成的。

這就好像農夫手上沒有種子，卻一直向老天要求有收穫，事實上，這是不可能的。想想看，如果你是不快樂的人，想要找一個快樂的理想伴侶，有可能嗎？不快樂的人，只能吸引不快樂的人來到身邊，兩個不快樂的人在一起，要對方給予快樂，那是天方夜譚。

真相是，幸福的吸引幸福的人；快樂的吸引快樂的人。當你自己先有成為理想伴侶的條件，自然就會吸引真正的理想伴侶，來到你的生命中。

小芸告訴我，以前家裡經濟不富裕，母親老是跟她說：「我們家境不好，要認命，可別奢望嫁給有錢人。」

大學畢業後，小芸年輕聰慧、落落大方的特質，吸引來條件不錯的醫生、律師追求，但是，母親的話早已烙印在腦海裡，她總認為配不上對方，自己不值得、不夠好，所以也婉拒了這些追求者。這些年來，她一直錯過條件不錯的好男人，現在已經中年的她，還沒找到自己的理想伴侶。

每一個錯誤的信念，都是拒絕理想伴侶來到的原因。在親密關係中，你是否有我不值得、不被愛、不配得到幸福、不夠好的信念。如果想要找到理想伴侶，請釋放這些想法及感受。

最重要的是，先建立起你與自己的關係。開始學習珍愛自己、疼惜自己，多給予鼓勵、不自責、不批判，告訴自己你值得、你夠好、你值得擁有真愛，理想的伴侶自然就會到來。

別把情緒留給最愛的人

我們最大的錯誤是，對陌生人太客氣，對親密的人太苛刻，把這習慣改過來，則天下太平。

——作家　亦舒

連續下了幾天的雨，終於等到太陽露臉，於是，這一天早上，佩琪與男友兩人相約開車出遊。一路上，她帶著愉悅的心情，坐在駕駛座旁，男友專心開車，感覺幸福是如此靠近。

誰知道半小時後，男友開錯路，駛入錯綜複雜的小巷，繞來繞去就是不知道如何開出來，男友要她馬上看地圖找路，她一時心急，但是越急就越找不到路。男友也一時情急，用很兇的語氣大聲罵她：「你真是個白痴！連看地圖找路都不會。」

聽到這樣的譴責，她很想鑽個地洞躲進去，即使是父母都沒有這樣罵過她。她按捺住情緒，讓自己平靜下來，最後，在她的引導之下，男友才順利地將車子從巷子裡開出來。

當車子不斷地朝著目標前進，佩琪轉頭，望向車窗外流轉的風景，內心不免無限委屈，這已經不是第一次了，每次男友都會為了一點小事，毫不留情地指責她。

經過一段時間，男友也察覺到她的沉默，一邊握著方向盤，往她臉上瞄了一眼，又像是變了個人，關心地問：「怎麼了？」

被他這麼一問，佩琪的感受，好似翻山倒海地排開來：「你剛才好兇！」

男友一聽，馬上言之鑿鑿地解釋：「愛之深責之切，就是把你當自己人，才會對你這麼兇。」

她頓時無言以對，這是理由嗎？仔細回想，男友平常對同事、朋友常常鞠躬作揖、臉帶笑容，一副好好先生的樣子。在外面即使不高興，也沒有面露不耐的神情或生氣的樣子，從來沒有聽他抱怨過誰、責罵過誰，他總是顧及到所有人的感受，除了她以外。

為什麼他對待外人總是比對自己人好？為什麼他在意別人的感受，而不是我的感受？為什麼他一直在傷害的，是那個他最愛的「自己人」？

「他真的愛我、在乎我嗎？」佩琪充滿疑惑，不解地來問我。

我建議佩琪可以先去了解，為什麼男朋友常常為了一些小事有情緒？情緒的背後一定有某些原因以及訊息。

放任情緒傷害彼此，不是真愛

以這個案例來看，男友為了保有外人對自己的好印象，儘量避免發生衝突，面對上司、同事、朋友，即使有情緒也是隱忍，也不敢對別人發脾氣。

但是，很多事情如果無法好好溝通，或適時表達、找到解決方法讓情緒流通，就會累積情緒。於是，這個好人回家後，就變成容易憤怒的人，將積累的負能量藉由小事引爆，來鬆綁白天隱忍的情緒，而直接受到傷害的，往往就是身邊最愛的人。

這個憤怒的男友，對女友表達情緒時，知道女友不會離開他，所以有安全感。但是，如果以愛為名，將情緒留給最愛的人，讓對方成為情緒垃圾桶，而傷害彼此的關係，並不是真愛。

案例中的佩琪，如果能知道男友情緒的來源，會比較能夠以同理心來理解，進一步接受現況，就不會感受到委屈。重要的是，跟男友好好溝通，讓對方也知道自己的情緒其來有自，兩人可以好好面對情緒，了解它、釋放它。

真正的親密關係，必須重視對方的感受以及尊重對方，對情緒有適當的調整，才能讓雙方有良好的互動。

不討好，也能讓別人喜歡你

戀愛中的小琪，在男友的心中是一位體貼、善解人意的女友。她總是犧牲自己的時間，將男友照顧得無微不至，有時候即使自己很累了，還要為對方處理公事，甚至百忙之中也不惜路途遙遠，為男友親送愛心便當。

兩人約會的時候，她總是配合男友的時間，甚至點菜用餐，都是以他的喜好為主。有時候，明明已經與同事有約，但是，只要男友一通電話打來，就馬上取消或延宕與好友的聚會，與他見面。

小琪不知為什麼，與男友交往的這一段時間，心裡常常覺得沒有安全感，怕自己表現不夠好，不被欣賞；怕自己不夠體貼，男友會離她而去。她處處為男友著想，卻常常因為男友的事，而耽擱了自己的工作進度與休息時間，對自己的需求退而求其次，甚至到了委屈求全的地步。

妮妮最近找到了新工作，上任沒幾個星期，已是公司最受歡迎的同事之一，大家都對她讚不絕口。她在職場總是笑臉迎人、主動噓寒問暖、從來沒有人見她發過脾氣，同事有事做不完請她幫忙，她也從未拒絕過……有她在的地方，同事都很開心。

但是，為了幫助同事，妮妮常常犧牲午休時間，優先處理他們的文件，卻發現自己的事情做不完，只好加班趕工。當晚上六點大家都準時下班了，妮妮還繼續工作，常常看到旁邊的便當都變涼了，她才草草扒幾口……等到她將全部的事情做完時，拖著疲憊的身體回到家，把自己拋在沙發上才感覺到整個人累到不行。

問妮妮為什麼要把自己弄得那麼辛苦，不先把自己的事處理好，再來幫助別人呢？她說因為自己是公司新人啊，多為同事做一點事，他們才會喜歡她啊！

不管是小琪或妮妮，都是不折不扣的討好者。討好者常常出現在我們的日常周遭：除了上述情人之間、同事人際之間的討好，還有孩子討好父母、父母討好孩子、員工討好主管或老闆……或許你也是一個討好者。

討好，源自誤認為愛是有條件的

什麼是討好？簡單的說，就是為了得到別人的好感，而去迎合別人。討好者都有一些共同特點：他們總是將心思放在別人身上，能夠敏銳地察覺到別人需要什麼而給予。**討好者做事往往無法放鬆，有一點小缺失都會將它看得很嚴重**，他們害怕做得不好，引起別人的不悅，不被喜歡、甚至失去對方。

有時對於別人不合理的要求，也難以拒絕、沒有勇氣說不。他們總是將別人的需求放在首位，而忽略了自己，即使已經精疲力盡，還要犧牲自己去幫助別人

他們對人很好，常常是情人的貼心伴侶、朋友的暖心好友、老闆心中的好幫手或同事眼中的好夥伴，他們視別人為重要的，卻對自己的需求退讓；**讓全世界的人開心，唯獨讓自己不開心；為別人而活，而不是為自己而活**。

為什麼會成為討好的人呢？形成討好的原因，要回溯到童年時期。小時候孩子若不聽話，不符合父母的心意，父母就會不高興，甚至用責罰打罵的方式對待。孩子雖然年紀小，但是也懂得生存之道，不敢違逆衣食父母，於是壓抑自我的需求，用聽話及服從的方式，來迎合父母。

這個乖小孩，總是希望處處符合別人的期待，得到大人的讚賞及認可，於是學到了有條件的愛，那就是互惠原則：我對你做什麼，你也要回饋我什麼；我對你好，你也要對我好，這就是討好背後的意圖。

但是，如此一來心情很容易患得患失，如果對方沒有給予期待中的回饋，就會引發失望、難過、憤怒的情緒。

一般而言，討好者很難認同、欣賞自己，特別是在婚戀時期，一方面想獲得別人的愛，另一方面又覺得自己不值得。如果有人表示愛意，討好者的匱乏感會再度被挑起，充滿疑惑地問怎麼可能有人愛我？

這是因為討好者，很難去接受別人的愛，一旦接受也害怕失去，以為必須辛苦的討好別人，為別人做任何事，才能得到愛。

真正的付出是讓你感到輕鬆的

有人會問，對自己的愛人好，為他付出，又有什麼不對？為自己的愛人付出並沒有錯，關鍵就在於，討好別人的背後是有條件、有所求的。也就是說希望對方回饋給予你所期待的，像是不要離開你、愛你、與你結婚……等等。

我們可以對人好，但是，不要討好，兩者的區別在於：上班時，在不影響自己的工作進度下幫忙同事，這是對人好。但是，如果本末倒置，自己的事情還沒做完，卻一直做別人的事情，那就是討好。有時間為愛人送便當，這是對人好，但是，如果已經精疲力盡，還要勉強自己送便當，這就是討好。

你可以幫助別人、關心別人，但是，那是沒有意圖、沒有期待、不求回饋的，這就是無條件的愛。這樣的愛讓你感到輕鬆、充分的自由，別人也不會覺得有壓力。

將注意力放在自己身上，看見自己的需求，才是做真正的自己。或許你會問，那不是自私嗎？不！那不是自私，而是自愛，當你開始學會照顧好自己，看見自己的重要，才是為自己而活。當你放下討好者的角色，就會發現不用討好，也能夠擁有別人真正的愛。

當負面情緒遇見正面思考

如果以宇宙的磁力律來看，正面思考的確會吸引來正向的頻率，於是我們的社會處處標榜著正面思考，每一個人都希望擁有正能量，成為樂觀、正向、高品質的人。

從宇宙法則來看，正向思考帶來高頻及生活的高品質，並沒有錯。但是，有個例外（如同你學習英文，背了許多文法規則，但是，也有例外的時候），那就是遇上負面情緒來的時候，不要強調正面思考。

舉個案例來說明。佳晴是一個人緣很好、也樂於助人的女孩子。她微捲的短髮，略帶棕色的肌膚，在眾人面前總是笑得最響亮，讓人感覺就是那麼的健康、陽光，充滿正能量。

有一天，她的好友小萱打電話來說，剛剛跟男友分手，心裡很難過，希望佳晴能來陪伴她。佳晴一聽到這個消息，馬上放下手邊的工作，飛奔到小萱身邊。小萱看見好友趕來非常感動，許多的委屈正想一一道來，但是，還沒開口，佳晴就用正向的話語，安慰小萱說：

「你要堅強，你要樂觀！」

「想開一點，將他放下吧！」

「沒什麼了不起的，你條件這麼好，天底下的男人多的是，將來一定會遇到更好的男人！」

聽到這樣的話，讓原本心情不好的小萱情緒更糟。現在的她就是無法樂觀、無法堅強、無法放下，最後她忍不住了，告訴佳晴：「我知道你是一番好意，但是我現在最不想聽的，就是這些話。」

佳晴當場被澆了一頭冷水，一時之間覺得有點尷尬，只好安靜下來，以沉默來陪伴她。

回到家後，佳晴靜下心來反思，那些安慰的話語的確不恰當。但是，這個社會不是都勸大家要正面思考嗎？當情緒來了，如何正面思考呢？她很不解，想知道答案。

情緒的流動是健康的

在處處標榜正面思考的今天，即使我們有情緒，好像也必須表現得樂觀、正向，才是正確的因應之道。但是，你知道許多憂鬱症患者，都是過度正向思考的人嗎？

在當事者有情緒時，卻要他們表現出樂觀正向，其實是不正確的，因為那只是壓抑情緒，當情緒沒有出口，就會儲存累積在體內，轉向攻擊自己的身體而影響健康。

每一個人都會遇到親朋好友，心情低落的時候，但是，很多人都認為自己又不懂得諮商，如何安慰人？有些人甚至害怕對方有情緒，特別是哭泣。

對於哭泣，我們要有一個正確的觀念，適當的表達情緒是好的，即使哭泣也沒有關係，那是情緒的流動，是健康的。很多人不敢表達情緒，是害怕別人嫌棄自己是弱者、造成別人的負擔、給別人帶來情緒垃圾。其實，允許在悲傷的時候難過，在難過時可以脆弱，是很重要的。

當情緒來臨時，首先不是強調正面思考，而是先處理情緒。處理的方法是接受情緒不逃避，讓情緒流動不壓抑。

在這個案例裡，應該允許小萱釋放負面情緒，任何方法都可以，例如：哭泣、打枕頭、打沙包、寫出或說出她的感受。佳晴要做的是帶著深度的關懷，靜靜地傾聽對方，不批判、不插話、不改變他人、不強調自己的看法較正確、如實地接受對方有情緒，讓當事人感受你的關心與支持，你就在這裡！其實這樣就夠了。

接受情緒就像是面對哭鬧的小孩，當我們願意陪伴他、傾聽他，允許悲傷、流淚、脆弱、不堅強，將會發現，沒有一個情緒會久留，它來來去去，像客人一樣，總有離開的時候。

你不是受害者，而是創造者

不管是父母、伴侶、親子、手足、朋友、職場的關係，我們很容易在不知不覺中，扮演了受害者的角色，這個受害者可能是你周邊的人，也可能是你自己，事實上，每一個人都有可能成為受害者。

只有你能決定自己是不是受害者

什麼是受害者？受害者心態是，認為自己在生活中遭受著不公平的對待，自己也對此無力控制。受害者天天抱怨事業不順、無法升職、懷才不遇、沒有遇到好上司，或者埋怨沒有生在富有的家庭，所以自己一生過得庸庸碌碌。又或是在原生家庭裡得不到愛，所以找不到理想伴侶。認為如果不是跟那個人結婚，今天也不會過得這麼慘……

當我們感受不到快樂，認定自己是個受害者的時候，便會控訴別人的罪責：「都是你害的，都是你讓我不快樂！」總之千錯萬錯，都是別人的錯。

但是，事實上，沒有自己的允許，沒有人可以讓我們幸福或痛苦。如果我們把自己當作受害者，便有很大的無力感，以為對現狀無法控制，也無法做出任何的改變，於是，就會產生難過與自憐的情緒。

有些人寧可當受害者，也不願意走出來，因為當受害者是有好處的，將全部的過錯推給別人，這樣的感覺是舒服的；不用去看自己不好的一面，承擔任何責任，自然不用冒風險改變自己；還可以博得別人的同情、關心與幫助。

但是，這個世界上沒有人是受害者，也沒有誰可加害誰，除非是你自己允許，自願當一個受害者。

而且有受害者，就有加害者，如果把自己看作是受害者，那麼一定會有加害者出現。此外，這個受害者可能有一天也在不知不覺中，變成別人的加害者。所以，這是一個惡性的循環，當你選擇不要成為受害者的時候，加害者也會從這個世界上消失。

成為創造者才能跳脫迴圈

當我們將自主權取回，離開受害者的角色，願意為自己負責的時候，才會看見改變的力量。當你不再扮演受害者，你可以當一個創造者，就會有更多的契機、可能性等待著你。

有天如茵來找我，提到了她目前的困境。她結婚多年，一直扮演著賢妻良母的角色，但是最近越來越感到不快樂，因為先生每天上班，回家陪伴她的時間很少。她是一位全職的家庭主婦，每天忙著家事，而現在小孩也大了都離開家裡。她待在家裡，不僅要忍受孤寂，還要面對婆婆對她的百般挑剔，而且除了做家事以外，很多時間不知道要做什麼，特別是最近，她的先生越來越不關心她。

如茵開始抱怨，或許自己不該嫁到這個家來、不應該答應跟婆婆住一起，接著抱怨先生不夠負責、對她照顧不周。最後也自責自己一事無成、沒有事業，經濟無法獨立，老是要跟先生伸手要錢，她徬徨無助，不知該如何是好？

我告訴她，如果只是抱怨與自責，把自己當成受害者是於事無補的，她應該走出受害者的角色，去創造自己所想要的。

「你想不想工作？」聽我這麼一問，她頓時對工作表示感興趣。她說，多年前曾經工作過，發現自己也有做生意的能力，但是因為那時孩子還小，無法家庭、事業兩邊兼顧，所以放棄了她的事業。現在孩子長大了，不需要她的照顧，所以她也很希望繼續工作。

我告訴她，不妨找個小店經營，把重心放在自己想要做的事情上，一來可以經濟獨立，二來透過經商可以讓自己慢慢建立自信心。

聽了我的建議，她思考一陣子後，便去做了。現在她有了自己的店面，不僅有了經濟能力，也慢慢找回自我認同與自信。而且因為白天忙於事業，與婆婆之間有了彼此的空間，反而更懂得尊重對方，有些家事婆婆與先生開始會主動幫忙，而先生也以欣賞的眼光對她另眼相看，表現得比以往體貼。

這些改變都是如茵以前無法想像的，她很高興做對了選擇，抱怨果然無濟於事，不如實際行動才可能有機會。這就是從受害者到創造者的躍升。

在不完美中，看見自己的完整

世界上沒有完美的直線，再精確的尺，也只能夠畫出近似的直線，無限放大後，必然會看到抖動。

——哲學家 柏拉圖

那一天，王太太來到我面前，看起來十分疲憊。她說上班壓力滿大的，很多事情要處理，得要做到最好，最近健康也出了一點問題，常常感覺累。

「壓力來自哪裡？上司、同事、還是家人？」

她說都不是。我瞬間明白了！便問她：「你的壓力是自己給的吧！」她點點頭。

「你對自己要求很高嗎？」

「我是一個完美主義者！」她的眼神投向遠方，好像回憶起些什麼。不久，收回視線嘆了一口氣：「我的個性像極了母親，她也是一個完美主義者。」

她說從小母親管得很嚴，尤其對成績要求很高，考不到滿分就會被懲罰，對此她很反感，也曾經反抗過，但是都沒有用。她常常告訴自己，長大後絕對不要像母親一樣。沒想到結了婚，有了自己的家庭以後，她事事要求完美，不完美就不放過自己，簡直就是母親的翻版。

她的高標準不僅針對自己，在公司、在家裡的要求也是如此。工作上老是有做不完的事，別人做兩小時就能完成的報告，她需要兩天，因為自己覺得做不完善、怕有錯誤、還可以更好，於是不停地修改、拖延，帶給自己極大的壓力。而且，事情做不完她也不請別人幫忙，因為她不相信別人會做得像自己這般用心，不可能比她更仔細、更好。

在家裡，先生隨處放置的衣物、食品，或是不小心弄髒的地板，她都用放大鏡來檢視，因此常常小事變大事，弄得兩人彼此神經緊張，起了衝突後鬧得不歡而散。

真正令她感到衝擊的是，那一天她的女兒興高采烈地拿了成績單到她面前：「媽媽你看！我這學期很用功，考了第二名。」

結果她正眼也不瞧，沒有一句鼓勵、臉上沒有喜悅、沒有微笑，只是冷冷地說：「為什麼沒有考第一名？」

孩子聽了以後，小小的身影好似頓時縮成一團，別過頭，默默不語、悄悄地退回自己的房間。孩子走後，她突然感受到女兒的受傷，也從女兒身上看到小時候的自己，以前母親不也是這樣對待她？

現在她不管做什麼都好累，人際關係上也造成極大的困擾，自己真不曉得該怎麼辦才好？

完美並不會帶來愛與認同

完美主義者大都有幾種特性：不允許犯錯、在乎別人的看法、太注意小細節、缺乏彈性、無法信任別人、無法委託別人幫忙、難以放鬆，正因為這些特性，也極容易產生負面情緒，如焦慮、憂鬱、憤怒、強迫等等。

其實，完美主義者最在意的事，就是害怕被別人拒絕、不被愛。他們往往告訴自己「我一定要做好，別人才會欣賞我、愛我」，「我不能犯錯，犯錯就代表我是失敗者」。

但是，完美主義者沒有想到的是，想要用完美這種標準來獲得別人的愛，結果常常是令人失望的。因為**完美是一個達不到的目標，所以他們永遠也無法感受到被愛**。

地球就是一個學習的教室，沒有人不是在犯錯中學習，犯錯只是一個經驗，它告訴我們，下一次如何做會更好。不允許犯錯，其實背後的心理是害怕得不到別人的認可、別人不喜歡自己，這種錯誤的認知，也會在無形中為自己帶來壓力。

很多人都在追求完美，但是，世界上沒有完美這一回事。完美並不會帶來愛與認同，只會讓自己失去信心，覺得自己不夠好，而且給自己、別人帶來壓力。不完美，其實是很美的，就像一個瓶子裝滿了水，就無法再倒入其他的東西，正因為不完美，我們才有空間得以成長，否則人類將停止創造。

追尋完整，而非完美

禪宗裡有個故事，從前有一位大師年事已高，想將衣缽傳給一個有智慧的人，於是，將兩個愛徒叫到面前來。大師說：「我現在要做一個測驗，誰通過了，誰就是我的繼承者。」兩個愛徒畢恭畢敬地答應了。

大師說：「現在，請你們去外面找一片最完美的花瓣回來。」

兩個愛徒聽到後即刻出門。不久，大徒弟便小心翼翼地用雙手捧著花瓣回來，獻給師父：「這不是最完美的，卻是我看到最完整的花瓣。」

小徒弟在外面繞了很久，過了一個小時，卻空著手回來。他很懊惱又無奈地說：「我一路上看到許多花瓣，想挑選最完美的回來，但是，卻找不到一片完美的花瓣，所以什麼都沒帶回來。」

大師一聽，當場就下了決定，將衣缽傳給大徒弟。

這一則故事告訴我們，完美或不完美，只是認知的問題。小徒弟一心尋找完美，卻一無所獲；大徒弟知道花瓣不完美，卻能夠接受它，這就是完整。人也是這樣，唯有接受自己，就像太極圖一樣，有黑、有白；有優點、缺點；有陽光、也有陰影的一面，才是最大的完整。

唯有先接受自己，才能夠接受別人，當你在不完美的事情上看到完整，你就成熟了！

有一種擔心，是不需要擔心

擔憂就像搖椅一樣，不停地動卻哪裡都去不了。

——佚名

上課的時候有學員問我：「老師說過，很多事不要去擔心，但是，當父母的多少都會擔心孩子，像我就是那個常常擔心孩子的媽媽，請問，怎樣才能夠不擔心？」

「請問你的孩子幾歲？」

「三十三歲。」同學們聞言，不約而同笑了起來。

「上次有個媽媽也跟你一樣，非常擔心孩子，她的孩子比你的孩子年紀還大，三十七歲。我要表達的是：孩子滿二十歲就可以投票，擁有自主權，你的孩子已經不是小孩，而是一個獨立個體，一個大人了。」

我可以了解父母都很關心孩子，但是，往往把關心變成擔心。擔心在能量的場域裡，是極低的頻率，**當你擔心孩子，就是把這種負能量送給孩子**，你真的願意這麼做嗎？

宇宙法則告訴我們：恐懼會吸引來恐懼的，你越擔心的東西，越會擴大。

我曾經看過這樣的報導，國外有一位優秀的走鋼絲表演者，因為技術很好、表演精彩，常常被邀請到各地演出。這位表演者二十歲就離家就業，幾年間也換了數個工作，直到從事走鋼絲表演才穩定下來。這是他最喜歡、也是最有挑戰的工作，但是，他沒有讓媽媽知道，因為知道媽媽是個過度煩憂的人，會為他的安全擔心。

然而有一天，他忍不住還是在電話中告訴媽媽這個消息。果然不出所料，媽媽非常擔心，說每天都睡不好，常常打電話來詢問人是否平安？要不要換工作，如果摔下來怎麼辦？受傷怎麼辦？

於是，有一次表演時，他想到媽媽的擔心，自己也突然擔心了起來，就在那一瞬間想法成真，他摔下來了，幸好傷勢不嚴重，但是，腳部受了傷，經過三個月的治癒，才逐漸好起來。

用祝福取代擔心

我個人對於擔心的念頭是很小心的，如果這個念頭跑出來的時候，我會釋放不需要的擔心，以祝福來代替它。例如：過馬路，我不會說「不要被車撞」，而是「我很安全」（也可以在心中默念）。在說「我很安全」這一句話時，我也會注意周遭的交通狀況與自身安全，但是，心裡不會感到慌亂、恐懼，而是安心。

有些父母或許會問，不關心孩子，就不要管他們嗎？其實，不是不管，而是依照年齡、時間、需求而有所調整。告訴年幼的孩子不可以玩火！小心燙傷！這是有必要的，但是，告訴大人這些事，就沒有什麼意義了，不是嗎？

舉一個例子，小時候我想學騎單車，剛開始練習時，爸爸在旁邊教導，他為了預防我摔下來，一手幫忙扶著把手、一手扶著單車，不時在我身邊陪伴、寸步不離。

過了一陣子，我比較會騎車了，不過偶爾還是重心不穩、無法完全掌控。這時候，爸爸依然陪伴在我旁邊，但不會亦步亦趨地護著我，只在必要的時候伸手扶住單車，讓我順利地前進。

最後，當我可以穩穩地駕馭車子，甚至以單手騎車，爸爸就不再跟著，而是完全地放手，讓我自己去體驗。在體驗的過程中，大部分的時間都平安無事，雖然有一兩次還是會跌倒，但是並不影響我，有了幾次經驗，跌倒的機會越來越少，也騎得越來越好，到最後不會跌倒，就能完全享受騎車帶來的自由與樂趣。

每一個經驗，對孩子而言，都是最好的學習機會。當我學會騎車，一個人自由自在地探索周遭世界時，很感謝爸爸願意放手，因為這是對我的一種信任。他讓我相信，我有保護自己的能力與智慧。

父母要給孩子獨立的空間，讓他們自己站起來，而不是給予拐杖，永遠依賴別人。孩子不懂可以教他，但是當孩子長大了，如果父母還是因為擔心而不敢放手，這樣孩子不僅無法體驗人生，也看不到美麗的風景。

如果有一天孩子離開了你的視線，在你看不到的地方，請不要擔心。與其送出負能量，還不如送出好能量；與其擔心，還不如用祝福代替擔心。

練習清單　祝福孩子

擔憂、嘮叨、埋怨、囉嗦，其實都是負能量，不如提高能量，多用祝福肯定的語句與孩子互動，常常告訴他：

- 我相信你，也信任你的能力。
- 我相信你有足夠的智慧，來保護自己！
- 我知道你可以好好照顧自己，不需要我擔心。
- 不管你在哪裡，我都祝福你一切平安、順利。

父母也可以用這些話來告訴自己，你也會感受到內在的平安。如此一來，你將為自己、為孩子送出好能量，而宇宙也會回應好能量給你們。

讓每一個人為自己負責

那一天，王先生與我談到他的困擾。他是兩個孩子的爸爸，孩子都已經是高中生，他抱怨：「唉，孩子長大了！有時候想給予一些建議，他們都不聽。」

王先生說，小時候父母忙於工作很少照顧他，但是，憑著自己不斷地努力，終於在中年小有成就。也因為人生一路辛苦地走過來，有時候看孩子事情沒做好，想用過來人的經驗告訴他們怎麼做，但是，孩子都不理會，有時甚至叫爸爸不要管太多，讓他好失望。

我說：「你可以做的是陪伴，但是，也要尊重孩子的意願，不過度干涉。如果給予彼此空間，在他們真正需要你時，會主動尋求幫忙的。」

無獨有偶，最近有位陳太太來找我。她第一眼見到我，好像溺水的人抓到浮木，眼眶中隱含著淚水，她說活得好辛苦，每天的壓力都很大。

原來陳太太常將全家人的擔子攬在自己身上。例如孩子做錯事，或考試無法通過，她都要為孩子的過失承擔；害怕先生不高興，連公公、婆婆、小姑沒有做對的事，都為他們一肩扛起。

「你想要為每一個人承擔，這樣子太辛苦了。」

她點點頭，流下眼淚：「我一輩子好像都在為別人而活，我真的對不起自己，沒有好好愛自己！」陳太太總在為別人負責，因此感到壓力、委屈，她是別人眼中的好人，但是，好人這個角色，讓她活得很不快樂。

愛他，是讓他有能力為自己負責

像這樣的案例在我們日常生活中比比皆是，並不陌生。你是否常常在擔心別人？

看顧別人比自己多？忙著別人的事，總忘了自己的事？你為別人承擔一切，無法放下肩上的負擔？

人之所以有很大的無力感，原因在於想去背負別人的擔子，承擔別人的責任。想要為別人負責，或者要別人為自己負責，其實都是越界的，事實上，沒有誰可以為誰負責。

我們來到這個世界是為了體驗，每一個人有自由意志及生命的進程，都依循著自己需要的方式及時間，走在成長的路上。一如爬山攻頂，每一個人可以選擇不同的方式到達目的地，沒有所謂的好壞對錯，即使是你不認同的事，但是，對當事人來說其實是有助益的。

除非你的孩子年紀還小，否則你不需要為他人負責，允許做你自己，也允許別人做他自己。即使是犯錯，**每一個人都有權利在錯誤中學習，不要做別人的功課，讓每一個人對自己負責，才是對的。**

生活最高的藝術，不是幫別人做盡所有事，而是讓別人也有為自己負責的能力。給予你愛的人最好的禮物是，讓他擁有不需要你的能力，才能讓自己變得更強壯、更有力量。

第六章

覺醒時刻

此時此刻才是真生命

朋友來喝茶。我舉起水壺，將滾燙的水注入茶杯，頓時煙霧裊裊，熱騰騰的茶葉，幻化出琥珀般的顏色，澄亮晶透地呈現在眼前，茶香在這寧靜的空間，逐漸散開來。

「這茶很好。」朋友閉著眼睛，用心品嘗，當他再度張開雙眼時，面帶笑意：「剛才我什麼都沒想，這一刻的我，感覺如此輕鬆自在。」

「很好！真正的臨在，就應該是這樣，專注在此時的每一個片刻。」我說：「你知道『臨在』的英文怎麼說嗎？」

「Present。」

「『禮物』的英文呢？」

「好巧，也是Present。」朋友有點恍然大悟。

沒錯！臨在就是禮物。當你開始專注此時此刻，全然去體驗，你會感受到生命的喜悅。就如同這一刻，當我專心喝茶，便品嚐到茶的清香、回甘的滋味，這一刻沒有任何干擾，我全然地享受此時此刻，而這就是生命的禮物。

別任由頭腦主導你的生活

古人說，工作的時候工作、休息的時候休息、睡覺的時候睡覺。但是，有多少人是本末倒置，有人在工作的時候想著下班；到了該休息的時候，卻又開始煩惱工作；如果喝茶的時候，想到工作還沒做完、等一下還要開會……那麼，如何感受茶的滋味和香氣？

在生活中我們常常被頭腦主導，在過去與未來之間擺盪，將我們帶離當下，這也是為什麼很多人找不到喜悅的原因。

生活當中的不快樂，很多都是被過去所影響。有個太太告訴我，有時候想起過去的事，特別是婆婆對待她苛刻、刁難，總會為自己感到委屈、憤怒。

我問她那是什麼時候的事？「二十年前。」我倒抽了一口氣，那是多麼遙遠的事，但是，頭腦就有如此本事，不管是十年、二十年前發生的事，現在回想起來仍然歷歷在目，負面情緒絲毫沒有減少。

「婆婆還健在嗎？」

「早就不在了。」

「那你現在過得好嗎？」

她微笑地說：「現在最自在，也最自由，想吃什麼有什麼，想到哪裡就到哪裡，沒有比現在更好的了。」

「你現在過得好就好了，為何不好好珍惜現在的生活，老是想到不愉快的過去，讓自己不快樂？」

很多人都活在過去的記憶裡，任由過去帶離現在。想想看，過去那個人曾經傷害過你一次，但是，每當你回想的時候，又是再一次傷痕累累。**那個人只傷害你一次，然而多年來你卻讓自己受傷無數次**。這不是幻象嗎？到底是誰對誰不仁慈？

不只是不愉快的過去會影響我們，對未來太多的擔心，同樣也讓我們不快樂。有一個學員說，上週主管派了任務給他，必須在短期內完成，那段時間他心裡非常焦慮、著急，擔心做不好、做不完、同事如何評價他、主管如何看待他……就這樣在充滿憂慮的想像中，戰戰兢兢地過了一週，直到完成任務後，才發現所擔憂的事並沒有出現，之前那麼多的煩惱，根本都是多餘的。

是的！頭腦總是恐懼，有許多小劇場都是來自於想像，對未來的恐懼、擔心，也常常讓我們錯失美好的現在。

當我們無法專注臨在，總是憂慮過去、恐懼未來，這都讓我們活在低頻裡，無法輕鬆。如果沒有對過去與未來的幻想，煩惱、擔憂，也會消失。

頭腦是精密的工具，它幫助我們去體驗人生，但是，切勿讓頭腦主導你，任由它帶你活在過去與未來，**頭腦的想像是眾多煩擾的來源，如果你能觀察頭腦，而不認同頭腦，就是解脫痛苦、邁向喜悅的開始。**

選擇你要的，而不是你不要的

這一天雨不停地下，而且還下很大，有些窪地已經積滿雨水，偶爾幾輛車子奔馳而過，飛濺出來的水花，總是不長眼睛；路上行人匆匆，有時擦身而過，雨傘互碰了一下，雨滴瞬間飛到身上，但是，我的心情還是很好，因為我喜歡教課，而我正走在前往學校的途中。

教室裡坐滿了學生，絲毫不受雨天的影響，我心裡很感到慰藉，突發奇想問學生兩個問題：

「你覺得下雨天，讓你很不方便、心情不好的請舉手？」有人舉手。

「雖然是雨天，可是你的心情還很好的，有沒有？」這個問題問完，也有人微笑地舉手。

「為什麼同樣是下雨天，可是每個人的感受都不一樣，關鍵在哪裡？」我很快地看了一下全班同學說：「關鍵就在於想法。」

同一件事，每個人都有不同的看法，重點不在於發生的那件事，而在於你對那件事的看法。生活總會面臨正負兩種不同的選擇，開始去選擇你要的，而不是不要的。

你可以因為要來上喜歡的課，心情不受雨天的影響；同樣地，你也可以因為雨天造成的交通混亂、被雨水淋濕、出門不便，而詛咒下雨天。

讓注意力用來吸引好事

同一件事情，不同的看法，就有不同的選擇：你可以將注意力放在玫瑰的刺，或玫瑰的花朵，一切都在於你的選擇。**選擇了怎麼看待事情，就形成了什麼樣的結果，呈現出什麼樣的人生**。當你將注意力放在正面的事，就會吸引到正面的，反之亦然。

也就是說注意力在哪裡，那裡就有創造力，因此，你的想法創造了人生，成為生活中真實的體驗。

有人問我，生活如何自在？關鍵就在於想法。每一個人都可以有意識的選擇，如何去看待一件事。每天的生活當中，常常有許多好事發生，不愉快的事只有一、兩件，但是，人們總會去在意那一、兩件不好的事情，拿不如意的事來折磨自己，往往到了晚上，一日已盡，還在為白天那件事煩惱、生氣，而錯過了美好的一天。

想要有愉悅的生活，就開始在生活中去看見你要的、而不是不要的；將注意力放在讓你喜悅的、而不是不開心的。察覺到你的負面想法，別讓它停留太久，馬上轉化它。經常做這個練習，你會發現，你已經能主導頭腦、開始吸引好事，讓好事發生。

你是獨一無二的

有沒有人欣賞，不是花開的理由。

——作家　雪小禪

缺乏自我價值感的人，都希望先贏得別人的肯定，再來肯定自己。事實上，我們應該像一朵花一樣，不管有沒有人看它、稱讚它，仍然可以自我欣賞，自顧自地美，盡情地綻放。

有一天，外國友人史蒂芬來訊，說他最近心情不好，正被一件事困擾著。他熱愛打網球，最近找到三五好友，每週固定時間一起打球，原本大家都快樂地一起運動，但是，現在卻變成了他壓力的來源。

「為什麼呢？」

「因為我希望每場必贏，用好成績來證明自己比別人強。」

「你這樣做很辛苦吧！」

「是啊！不只打球這件事，我平常也想做一些事，來獲得別人的肯定，但是，長久下來，覺得好累，真不知道該怎麼辦才好？」

人與人之間其實不需要比較，比較是沒有意義的。怎麼說呢？你覺得玫瑰花比較漂亮，還是荷花？這如何去比較？它們各有特點，都很漂亮啊！如果每個人各有特點，你又何必拿自己去跟別人比較？

所有的存在都是獨一無二、無法比較的。

你想，玫瑰會羨慕茉莉花的清香？茉莉花會羨慕玫瑰的嬌豔嗎？竹子會嘲笑灌木矮小？灌木會嘲笑竹子高瘦嗎？

不止是植物，動物也各有所長。兔子擅長快跑，鴨子會游泳，所以兔子不用學鴨子游泳，鴨子也不用學兔子快跑，牠們不模仿、不比較，自然也就沒有批判。

自我批判來自於從小的制約

講到批判，在我長年的觀察中，發覺大部分的人都有不夠好、不配得的感受，甚至連那些高職位、高收入、高學歷、高顏值、深受外界肯定的人，暗地裡對自己都有很深的批判。

為什麼會如此呢？其實都是來自於制約。小時候，我們總被大人拿來跟兄弟姊妹或鄰居的小孩來比較，比成績、身高、膽量、才藝、漂亮；長大後我們拿自己與別人相比，比財富、房子、身材、美貌、學歷、地位、權勢等等。

甚至有學生也拿我跟她自己比較，有天小如說：「老師，您好棒，我不如您，您會彈鋼琴、會德文、有智慧，還見多識廣……」

我回答她：「能看到別人的優點很好，那你呢？你看見自己的優點了嗎？」

「我哪有什麼優點，我覺得自己一無是處。」

我告訴她：「在我眼裡你有很多強項，英文能力好、會寫電腦程式、做事效率高，每一個人的特質、才能不同，所擅長的也不一樣，真的不需要比較。」小如說她也不知道為什麼自己喜歡比較，連妹妹、朋友都是她比較的對象。

待我深入了解她的過往，才知道小時候母親總是拿她跟別家小孩比較，要求她考高分，大學填志願非國立學校不念，如果成績沒有達到標準，便用言語暴力批判孩子。小如在這樣的環境下成長，長大後變得比較沒有自信，也常常喜歡暗地裡與他人一爭長短。

許多人也像小如一樣，從小到大或多或少，都有被比較、批判的經驗，因為受到家庭、學校和社會的影響，而對自己有不夠好、不配得的感受。

特別是小時候，被大人批判的經驗，會讓孩子信以為真，接受了別人所貼的負面標籤，而留在腦海裡，變成深深的印記。這些負面標籤若是不察，就會變成內在的坑洞，於是，當自己無法肯定自己，就會透過比較，來博取別人的肯定，填滿那個坑洞。

負面標籤往往會帶來負面影響，尤其是小時候的經驗。當父母、老師對孩子說：你不行、做不到、好笨、膽小……孩子往往會照單全收，認同大人的想法。

孩子因為還沒有獨立思考及自我判斷的能力，只能根據大人的評價來認識自己，所以不管是有心或無意地評論孩子，都會讓孩子信以為真。而這樣的孩子長大後對自己不信任，難以肯定自己。所以，不要輕易為別人下結論、貼標籤，甚至一句漫不經心的批判，都要避免說出口。

當你認為自己值得時，一切將水到渠成

關於負面標籤，我有一位好友也深受影響。有一天，好友邀請我去參觀她的畫展，我認識她好幾十年，卻從來不知道她會作畫，在參觀過她的畫展之後，更肯定她的才華。我好奇地問她：「你畫得很好，是什麼時候開始學的？為什麼到現在才辦畫展？」

她說，在十七歲那年就發現自己熱愛畫畫，於是，報名繪畫才藝班開始學畫畫。她有自己的創意，常常將想像融入畫中，但是，年輕的美術老師並不喜歡她那自由的風格，也常常批評她畫得不夠好、沒天分。從那一刻起，她對自己失去了信心，越畫越不滿意，越畫越差，到最後索性不再提筆作畫。

沒想到再重拾畫筆，她已步入中年了。有天她覺得想畫畫的熱情又蠢蠢欲動，好似無法阻止，於是鼓起勇氣報名上課，也運氣好地遇到欣賞她的繪畫老師，給予極大的鼓勵，讓她突破陰影，再度燃起對繪畫的熱愛。她很感激地說，如果沒有這位好老師，也不會有今天這個畫展。我心想，幸好有這位老師的鼓勵，否則才華白白浪費了，多可惜。

不管是給自己或他人貼標籤，都很容易局限一個人。在負面標籤的陰影下，因為看不到自己的優點，很容易否定自己，這實是非常可惜。那麼，如何讓自己再度取回自我認同感？察覺這些過去的經驗，並且常常提醒自己：現在的你，已經不是當年的那個小孩了，過去因為還小，所以無能為力，現在你已經長大了，擁有自己的力量，別讓別人的批判影響你，也仁慈地告訴自己「我夠好、我值得」。

前幾天我獨自到海邊去，踩在柔軟的沙灘上，那些不起眼的沙子，乍看之下如此普通，並不特別，但是我知道，如果將它們放在顯微鏡下放大，每一粒沙子的顏色、大小、形狀、紋路都不一樣，它們像寶石般色彩繽紛、千姿百態、各有各的美麗與特色，每一粒沙子都是獨一無二的。

除了沙子以外，世界也沒有兩片相同的葉子、兩片相同的雪花，當然，每一個人也是獨一無二的。全世界有七十幾億人口，這麼多人當中，沒有人有你的長相、性情、才能、天賦，這個世界上沒有人能夠取代你，也沒有你的複製品，每一個人都是宇宙最精心、美好、恢宏的設計。

一個人的自我價值，從來就不在別人的眼裡，而是如何看自己；別人無法定義你，重要的是如何定義自己。當你能看見自己的價值，就不需要別人的肯定；認為自己夠好，就不需要討好別人；若能珍愛自己，就能夠擁有別人的愛。

生命只等待你的指示，回應你所做的決定，當你認為自己是值得的時候，一切將水到渠成！

順流人生

看到「順流」這兩個字，有些人會好奇，這是聽天由命？是一種消極的做法嗎？

當然不是！所謂順流，其實就是「無為」，無為不是什麼都不做，是順勢而為。這是中國人極高的智慧，也是太極氣功理論中講的「借力使力」。

想像一下，如果你坐在一艘輕舟上，如何用最輕鬆省力的方式讓它動起來？答案不是拚命地推動水流，這樣不僅費力，還有可能是挫敗的，只要你懂得善用水流，就可以輕鬆不費力地開展美好的旅程，享受一路的美景。

生活也是如此，生活最高的藝術就是順流。順流就是以最輕鬆不費力的方式，隨順生命的河流而行。

你想要的，會在最適當的時候給你

實踐順流人生最好的方法，就是了解並遵循宇宙法則、認識你的頭腦機制，如此一來，生活會輕鬆順遂許多。關於這些我在整本書裡已經提到很多，所以不再贅述，在這裡還想要補充解釋的一點就是：順其自然。

順其自然就是當一件事情不在你的計畫之內發生了，還是去接受它。

記得有一週，我因為工作的關係，非常忙碌，連續幾天鮮少有時間好好休息或者出去走走，於是很期待週末來臨，可以到郊外踏青，享受戶外的暖陽以及森林的芬多精。好不容易盼到週末，卻下起大雨來，整個出遊的計畫泡湯了，我不得不留在家裡。

在家裡能夠做什麼呢？於是，我打開電視，無意中看到一部可以當輔助教材的勵志好電影，又突然想到打電話給多年不見的老友，雙方很高興又有了聯繫。我也在家補充睡眠，充分得到休息，沒想到，那一天沒有按照計畫出門，居然收穫這麼多。

透過這件事，我學習到我有我的計畫，老天也有祂的計畫，當兩個計畫有衝突的時候，就順從老天的計畫，因為，有智慧的人知道，自我應該臣服於更大的宇宙力量。

在生命的旅程中，有些人已盡了力，卻事與願違；有些人努力付出，期待中的結果卻還未出現；有些人辦法都想盡了，還是不曉得事情該如何處理較好？有時候，我們如此茫然，好像隧道盡頭的光，離我們好遙遠，看不清眼前的路，摸不著方向，不知道該如何繼續下去？

這時候我會說：「如果不知道怎麼做，那就學習放手交託，讓宇宙接管吧！」老天有時候只是帶來消息，告訴我們「祂另有安排」。有時候，祂不要我們一直向前衝，而是該轉個彎慢慢走；有時候你想要的，還沒有得到，並非老天不給你，而是選擇在最適當的時候給你。

學會信任生命與宇宙的力量

在生命的路程，我們需要對自己、生命、宇宙有更多的臣服及信任，在順流中允許自己以輕鬆的方式，隨著生命之流來活動。平靜也是重要的，它是一種極大的力量，能讓我們在動亂中安穩自己、保持平衡，回到自己的中心點。

我個人內在穩定的力量，有許多是來自於信任。記得有一年夏天，已經很久沒有下雨了，乾旱開始影響我們的生活，那時候，開始宣導節約用水，經過新聞報導以及各界的輿論，朋友們都在談論這事，好像到處人心惶惶，很擔心老天再不下雨，人就活不下去。

但我從來沒有擔心乾旱會持續太久，我對宇宙有一種信任，我想，老天一直知道何時下雨，何時放晴，我們所要做的就是耐心地等待。果然不久之後，連續下了幾次甘霖，紓解了水的困境，以及大家的憂心。

信任，在生活中處處可見。當我看見一個小嬰兒，被大人高舉到半空中，卻咯咯地笑，這就是信任。他相信，有一雙手會穩穩地抱住他。

有一天，我搭車到郊外，窗外的畫面快速流動，當車子停住的時候，突然有一個畫面，吸引住我的目光，幾隻白鷺鷥或靜或動，佇立在綠油油的稻田中覓食，微不足道的麻雀，也穿梭其中。

牠們是那麼安然、自在，從不擔心什麼，牠們相信老天自會照顧、生命是受到保證的，自己絕對有能力存活下來。

那一刻我很感動，看到了信任的力量。我相信宇宙的一切發生，都符合我們最高的益處，一切有最好的安排，因為祂看得比我還深遠。當我願意接受、信任，就是允許宇宙在必要的時候接手，扶持我一把，而在這時候，我感受到恩典、祝福、還有生命的輕鬆不費力。

學會信任生命與宇宙的力量，就是穩定自己、順流而行的開始。水流就是宇宙，你就是水上的小舟，讓祂帶著你一路往前，悠然地體驗人生美妙的風景。

記得你是誰

你不是大海的一滴水，你是整片大海在一滴水中。

——詩人 魯米

十六歲那一年我問自己「我是誰？」這是一個從古至今，大家都在問的問題。

「我是誰？」這三個字，像極了莫札特的音樂，音符看起來很簡單，想要詮釋它卻很不容易，這是一個難以回答、難以解釋的問題。

真正的我到底是什麼？

有個故事，從前有一個盲人，他想知道太陽的形狀。於是有人拿了銅鑼來，告訴他這是太陽的形狀。盲人摸到了這個圓圓的東西，並敲了敲，就以為太陽會發出聲音。

盲人再往前走，有人拿了一根蠟燭說太陽有光，就跟蠟燭一樣。盲人摸摸蠟燭驚喜地告訴旁邊的人：「我知道太陽長什麼樣子了，原來太陽不是圓的，而是細長的。」

這時候，剛好旁邊有人掉了一把笛子在地上，盲人不小心踩到它，拿起笛子好奇地東摸西摸，形狀是細長的，他吹出了聲音，才恍然大悟，原來這才是太陽。

這個故事要表達的是，了解道的人，跟不了解道的人解說，是很不容易的。語言本身容易引起誤會，有時候是說不清楚的。但是，若不解釋，也沒有人懂，所以只能儘量用最簡單，容易理解的方式來講明。

如果問自己，我是誰？有人一定會說，我是某某人，我的姓是什麼，名是什麼。

不！真正的你，不是你的名字。

有人會說我是某某公司的總經理，兩個孩子的爸爸。

不！真正的你，不是你的頭銜，扮演的角色。

如果，在面前擺一面鏡子，看看自己，問我是誰？有人看到自己的臉，摸摸臉龐、雙手會說：「我，就是身體。」

不！身體不會說話，剛剛是誰在身體裡面說話？身體只是物質，它不會思考、不會感覺、不能做決定；我能思考、能感覺、做決定，所以真正的我不是身體，而是純粹的意識。

身體只是意識的一面鏡子，透過身體來說話。真正的我，不是身體、理智、我的名字、扮演的角色，我是宇宙的創造、超越形體的能量、純淨的意識、永恆的存在體。

在漫漫的自我探索之旅中，不斷地尋找，不斷地發現，一如花的綻放，一朵又一朵，而最大的發現是，當我想尋找自己，卻看見上帝；當我尋找上帝，卻看見自己。

回歸真正的身分，就是與宇宙連結

有一篇魚和水的小故事，剛好可以解釋我們與宇宙一切萬有（無論是上帝、神、佛陀、耶穌基督、聖母瑪利亞……等）的關係。

從前有一條小魚，牠聽過很多關於水的事情，想要知道水長得什麼樣子，但是沒有一條魚可以告訴牠，水究竟在哪裡？

後來，牠終於遇到一條魚跟牠說：「我可以告訴你，水長什麼樣子，哪邊有好東西，水就在哪裡。」還有另外的魚說：「哪邊好玩，水就在哪裡。」

但是牠還是不懂，水到底在哪裡。有一天牠游啊游，遇見了一條最年長的大魚，牠曾經聽同伴講過，這一條大魚是同類當中最有智慧的魚。於是小魚游到大魚的身邊，很禮貌地問：「聽說您是這裡最有智慧的魚，您什麼都知道，是否能告訴我，水在哪裡呢？」

智慧之魚說：「水無處不在，有你的地方就有水，水是你的元素，也是你的生命，沒有水，你不能活，你也不叫做魚。你呼吸的時候，你在水裡面；你可以自由自在地游泳，那是因為到處都是水。水在你的裡面，也在你的外面，它和你是一體的，它包圍著你，你的裡裡外外都是水。」

這個故事告訴我們，魚和水，就如同人和一切萬有，都是合而為一，都是一體的。

「我」究竟是怎麼來的呢？在人世間我是從母胎子宮誕生的，但是在這之前呢？在意識與肉體結合之前，我又在哪裡？

這個祕密就是，想像在很久、很久以前，一切都是完整，沒有分割的時候，上帝與你合一，你就是祂的一部分。你處在廣闊的能量場、有著無拘無束的自由、一切萬有的豐盛、無條件的愛。在這個本源裡沒有擔心、恐懼，只有平穩、寧靜、安全感、完整的神聖的意識——這裡就是你本源的家。

因為上帝太純粹，想要體驗祂自己，於是便創造了人。如果人也想體驗自己，該怎麼做呢？我會離開合一，讓自己從裡面分離出來，就像一個孩子想要去世界旅行，會選擇離開父母、離開家，去經歷這個多彩多姿的世界。

雖然我離開了合一本源，但是，仍然帶著神聖的DNA來到這個地球、來到人間旅行。我是一切萬有中分裂的碎片，然而，在碎片中也擁有整體的全貌。

我只是轉化不同的形式，從純粹的靈性世界來到物質世界，但是，我依舊是我，就像一個小水滴的奇幻旅程。

有一顆小水滴喜歡到處旅行，它到過許多地方，河流、湖泊、海洋。當陽光高照，潮濕的空氣變得溫暖，水滴就像變魔術一樣，變成肉眼看不見的水蒸氣，緩緩上升到了天空。到了天空高處，當氣溫降低時，就又變成可看見的雲。當雲裡的水滴，凝結成為更大的水滴，就會因為太重又落下，變為下雨，於是小水滴又回到地面上，回到河流、湖泊、海洋，又成為海洋中的一顆小雨滴。

我也是如此。**我不只是宇宙的縮影，也是整個宇宙**；不僅是一切萬有的一部分，也是一切萬有；不只是整體中的分裂，而是整個一體；不只是大海的一滴水，是整片大海在一滴水中。

當我憶起自己真正的身分，那個巨大輝煌的自己，就是與內在的、宇宙的神性連結，於是，便沒有了匱乏、恐懼，當我記得我是誰，就是回到家、平安的歸屬，就是生命最大的覺醒。

真正的我是不生不滅、不增不減的意識，也是浩瀚、無所不能、永恆且神聖的本體，來到這個地球是為了看見自己的純度與美好，當我回歸真正的身分，就是與宇宙連結，回到最初那個神聖的、平安的、豐盛圓滿的自己。

練習清單　豐盛肯定句

- 我是廣大的存有，能創造自己想要的一切。
- 我是宇宙豐盛的源頭。
- 我順隨生命之流，明白每一件事情都有更好的安排。
- 我活在豐盛的宇宙中，擁有需要的一切。

- 我的生活喜樂、平安、美好。
- 我接受繁榮和豐盛進入我的生命。
- 我的生命可以是輕鬆而不費力。
- 我可以創造我想要的一切。
- 我生活各方面都很豐盛。
- 我相信並遵循內在的指引。
- 我接受並喜愛現在的自己。
- 我允許自己擁有想要的一切。
- 我能創造更多豐盛、喜悅與活力
- 我的財富為自己和別人帶來最高益處。
- 我的豐盛富足，也分享讓別人豐盛富足。
- 我感謝宇宙豐盛。
- 我選擇活出富足喜悅的人生。

我的豐盛覺醒

在本書的尾聲，我想跟你分享我生命旅程的大發現，這些發現與領悟讓我得到了生命的喜悅、平安與豐盛。

學了就要運用

每一個人對自己其實都有一種渴望，我們想更了解自己。這種渴望在生命的某一個階段，會藉由生活各種境況，推動你尋找自己。

我個人在看見生命的變動無常後，開始去上課學習，這就是生命推動著我前進，加速了自我探索的旅程。

我在課程中學到了宇宙法則以及自我認識。這些理論架構都是走在心靈路程的基石，我們一定要知道它，這是重要的。但更重要的是，如何把它應用在每一天的生活去實作。

很多人一生都在不斷上課、聽講、尋找大師、參加工作坊、或自修學習，有時感覺好像自己什麼都懂了，但是當生活的境況一來，似乎又不知所措、要如何做才好。這樣的狀況就是頭腦雖懂，但是缺乏生活體驗實作，我們必須把所知道的、學到的，運用在生活中去體驗，在實作中去調整、修正，最後到達你所要的結果。

找到志業，路就會變得好走

當我找到身心靈這個志業後，生活有了莫大的喜悅。每一天我都在做自己喜歡的事，自然認真工作，全力以赴，那種從內在而生的渴望與熱情，就是推動我往前的力量。

而這種力量也為我吸引來財富，我真的不用絞盡腦汁、想盡辦法賺錢，而是金錢自己會跟隨著而來，於是我真正享受到生活的輕鬆不費力。

勇於接受變化

我從宇宙法則中學習到，變化是生命的常態，也是我們的終身契約，我們就是生活在變化中。

於是我全然地接受生命所有的變化。當我不抗拒變化，願意讓它跟我同行時，也找到了許多可能性以及新的契機。例如，假使沒有經歷那一年，親人、好友、自己的逆境、變化以及無常，我也不會去上課，開始走在靈性旅程。

還有一次的大變動是，為了照顧年邁的母親，我離開生活了二十五年的歐洲，回到台灣，一切從頭開始。這一切是如此不容易，但是，我沒有抗拒這個改變，而是接受它。當我返台後，因為深入華人世界，更了解華人所需，於是設計了一套華人的心靈課程，我教書、寫作、演講和輔導，創造另一種可能，展開另一個人生舞台，而這個舞台讓我有完全的歸屬感。於是，我更明白，變化帶來新東西，也是很好的安排。

靜心就是與宇宙連結

有四年的時間我常常靜心，也有很多的體悟。

靜心就是讓頭腦平息，用心與宇宙溝通。在這個過程中，有許多意想不到的收穫，有時候直覺、靈感，就自然而然地到來。有時不懂的、無解的提問，在靜心的時候便有了答案。

為什麼呢？因為每個人都有內在的智慧。但內在的智慧常常被外界的混亂、被頭腦的制約所掩蓋住，將它蒙蔽了。這時，得要去擦拭它才看得見。靜心就是沒有頭腦的干涉，當頭腦不干涉的時候，就像清澈的溪水，它讓我們可以看到水面下的任何狀態：水中的游魚、最底部的石頭……讓我們清清楚楚地看見真實的狀態。

靜心可以提供和補充能量，就像車子需要加油、人必須吃飯一樣。每當需要補充能量的時候，我就靜心。有些人靜心時，常常強迫自己維持一個姿勢，長時間坐在那邊。我覺得靜心時間因人而異，如果不想靜心，是沒有必要強迫自己坐著。

靜心練習如同練琴一般，如果短時間內非常專心，那麼就不需要練習太長的時間，但是如果不專心，那麼即使練八個鐘頭，效果也是不彰的。

在靜心中，你將會到達一個層次是，全然地放掉一切，什麼都不去想。那個臨在對我而言，是一種極大的喜悅。這種喜悅不是狂喜，而是平靜，在那個平靜中是一種空，沒有時空、沒有旁人、沒有煩擾，甚至沒有小我的自己。而真我，也是靈性的我，就出現與宇宙融合為一了。

超越二元，平靜自在

當我對這個宇宙、生命、自己越了解，我就越能活出喜悅。

尤其是了解宇宙的二元運作，讓我收穫良多。來到這個世界，我們會歷經兩個面向，好壞、對錯、是非、善惡、苦樂……這些看起來像是對立，其實是一體兩面、相互連結的。

因為有二元的對立，讓我們常常落入二元的戲碼，也就有了自我的觀點，許多的紛爭、批判、問題，便由此而生。在堅持我對你錯的觀點中，其實是狹隘受限的，就像瞎子摸象一樣，看到的永遠只是大格局裡面的一個小角落。

每一個人的環境、教育、立場、角度都不一樣，所以觀點也沒有所謂的對錯，如同氣溫二十度在台灣是舒適的，在非洲是寒冷的，在北極卻是熱的。

如果我們能夠超越二元的觀點，用更宏觀的角度看待一件事情，尊重彼此的意見、想法、不隨意批判，生活就會減少衝突，讓自己活得平靜而自在。

宇宙的設計永遠帶來希望

每個人來到這個世界，總是想要擁有幸福，但是，生活有時卻讓我們經歷到負向的、不想要的體驗，我們還是免不了要經歷挫折、逆境、痛苦、受苦，不禁納悶為什麼宇宙不設計正向的就好，為什麼不一開始就讓我們享有幸福？

這就是宇宙完美的設計，因為我們要的是體驗。

所有我們想要的東西，一定要有背景才能創造出來，如果只有一個面向，一個絕對值，是無法體驗的。如果老師沒有學生，如何體驗自己是老師，就如同蠟燭的光沒有黑暗，如何襯托出光來？

於是，沒有黑暗，就不知道什麼是光；沒有痛苦，就不知道什麼是喜樂。當我知道二元永遠可以從一方導向另一方，從不想要的，可以導向想要的。那麼，這世界就不是絕望，而是永遠都有希望的，我們所要做的，也只是選擇而已，這也讓我看到宇宙的智慧、美好的設計。

當你在黑暗中，別忘了還有光；在恐懼中，還有愛；生病中，還有健康；困苦中，還有喜悅。

從外在，回到內在世界

頭腦與心、物質與靈性、內在與外在，常常走兩條不同的路，這也是讓我們困惑，無所適從的地方。

二元的設計，其實就是要我們先藉由外在世界，去找到內在世界。所以不知道的人就在外面找，如果不懂得往內去就會卡關，找不到自己真正要的。

我以生活上重要的三個主題，財富、健康、關係來舉例說明。

外在的財富：追求財富是為了滿足小我的慾望，而這個慾望背後都是源自匱乏感。

內在的財富：財富是一種創造，我們以豐盛的靈性思維為工具，去創造物質的財富。匱乏感是來告訴我們，要往豐盛的路走去。

外在的健康：健康是身體出狀況，身體病了。

內在的健康：疾病是意識失序，是內在的不和諧，疾病只是告訴我們沒有做真正的自己，所以透過疾病讓我們走向療癒與完整。

外在的關係：許多人希望找到另一半讓自己完整。

內在的關係：對方只是來幫助我，讓我成為自己的完整，與自己合一。

頭腦與心、物質與靈性、內在與外在，其實是融合的。也是從一方導向一方，它們分工合作，各司其職，但是都為了同一個目標，在這裡我看到它們的融合，當我們知道它們的任務，就可以走對路，去找到我們所要的。

原來，一切是圓滿合一

從二元的世界一路走來，我又看到，原來二元是為了合一。

當我們把二元看做對立，就有分別、分離、分裂，於是有不同的理論、學派、教派，我發現不管科學、量子力學、宗教、心理學或是身心靈，其實都是合而為一的。我在研究意識的時候就發現：

• 科學家說「物質就是能量」。
• 量子力學家說「物質是量子，這個力量的背後就是意識思維」。
• 佛教說「萬物唯心」。
• 心理學說「ABC理論」。
• 身心靈說「信念創造實相」。

大家用不同的術語，講同一件事；以不同的手指，指向同一個月亮；以不同的路徑到達同一個目標，最後要到達的目的地都是一樣的，那就是真理。

當我了解這一點，就能觸類旁通了，也能明白，為什麼人們有許多問題都來自恐懼、匱乏感。原來這是二元的設計，宇宙的逆向操作，也是從恐懼才能體驗愛；匱乏中才能體驗豐盛；從對立中才能找到合一。

而原來我們也透過生活中不同的議題，財富、健康、關係、靈性成長……等，走向同一個目標，那就是自己的完整，這個完整，就是回歸本源。

當我解開宇宙的奧祕後，一切便豁然開朗，這些發現幫助我安穩、喜悅地走在生命的旅程，我看到宇宙巨大力量的恩典及祝福，想把這些也傳達給你。

後記／等你發現

宇宙有一種東西是同步性。當問題升起，答案也隨之而來；當你尋找，它已存在，我們內在的智慧、力量、光始終都在，從來沒有離開，關鍵在於你是否看見。

科學家找到宇宙、生命的解答，研究員找到醫療的技術，作曲家找到譜曲的靈感，畫家看見腦海中的圖像……事實上，世界上的每一個創新、發明，都不是新的東西，而是，它本來就存在，就像是找到寶礦，你不是創造，只是發現它。

不管你要的是什麼，財富、平安、和諧、自由、智慧、豐盛還是開悟，它就在那裡，等著你來發現。

在多年的生命探索與發現中，我找到的答案，也是一種揭開、一種發現。每一個發現對我而言，都是一個無價的寶藏，我找到它也願意分享它。因為它並不是屬於我私人的，而是宇宙、眾人的，而我將這份榮耀，歸還給那個最初的源頭——宇宙一切萬有。

國家圖書館出版品預行編目（CIP）資料

遇見豐盛的自己：從金錢、關係、健康、心靈四大面向，活出你本該擁有的富足 / 謝宜珍 著 . -- 初版 . -- 臺北市 : 遠流 , 2020.04
面； 公分

ISBN 978-957-32-8743-8 (平裝)

1. 自我實現 2. 生活指導

177.2 109002624

遇見豐盛的自己：

從金錢、關係、健康、心靈四大面向，活出你本該擁有的富足

作者／謝宜珍
總編輯／盧春旭
執行編輯／黃婉華
行銷企畫／鍾湘晴
封面設計：AncyPI
內頁設計：Alan Chan

發行人／王榮文
出版發行／遠流出版事業股份有限公司
地址：臺北市中山北路一段 11 號 13 樓
電話：(02) 2571-0297
傳真：(02) 2571-0197
郵撥：0189456-1

著作權顧問／蕭雄淋律師
2020 年 4 月 1 日　初版一刷
2022 年 8 月 25 日　初版四刷
定價 新台幣 340 元（如有缺頁或破損，請寄回更換）

ISBN 978-957-32-8743-8

遠流博識網
http://www.ylib.com
E-mail: ylib @ ylib.com